心一堂術數古籍珍本叢刊

書名：秘鈔本鐵板神數（三才八卦本）（二）
系列：心一堂術數古籍珍本叢刊　星命類　神數系列　第三輯　296
作者：舊題【宋】邵雍
主編、責任編輯：陳劍聰
心一堂術數古籍珍本叢刊編校小組：陳劍聰　素聞　鄒偉才　虛白盧主　丁鑫華

出版：心一堂有限公司
通訊地址：香港九龍旺角彌敦道六一〇號荷李活商業中心十八樓〇五—〇六室
深港讀者服務中心·中國深圳市羅湖區立新路六號羅湖商業大廈負一層〇〇八室
電話號碼：(852)9027-7110
網址：publish.sunyata.cc
電郵：sunyatabook@gmail.com
網店：http://book.sunyata.cc
淘寶店地址：https://sunyata.taobao.com
微店地址：https://weidian.com/s/1212826297
臉書：https://www.facebook.com/sunyatabook
讀者論壇：http://bbs.sunyata.cc/

版次：二零二一年五月初版
平裝：四冊不分售

定價：港幣　八百八十元正
　　新台幣　三仟八百八十元正

國際書號：ISBN 978-988-8583-874

香港發行：香港聯合書刊物流有限公司
地址：香港新界荃灣德士古道二二〇—二四八號荃灣工業中心十六樓
電話號碼：(852)2150-2100
傳真號碼：(852)2407-3062
電郵：info@suplogistics.com.hk
網址：http://www.suplogistics.com.hk

台灣發行：秀威資訊科技股份有限公司
地址：台灣台北市內湖區瑞光路七十六巷六十五號一樓
電話號碼：+886-2-2796-3638
傳真號碼：+886-2-2796-1377
網絡書店：www.bodbooks.com.tw
台灣秀威書店讀者服務中心：
地址：台灣台北市中山區松江路二〇九號一樓
電話號碼：+886-2-2518-0207
傳真號碼：+886-2-2518-0778
網絡書店：http://www.govbooks.com.tw

中國大陸發行　零售：深圳心一堂文化傳播有限公司
深圳地址：深圳市羅湖區立新路六號羅湖商業大廈負一層〇〇八室
電話號碼：(86)0755-82224934

心一堂微店二維碼

心一堂淘寶店二維碼

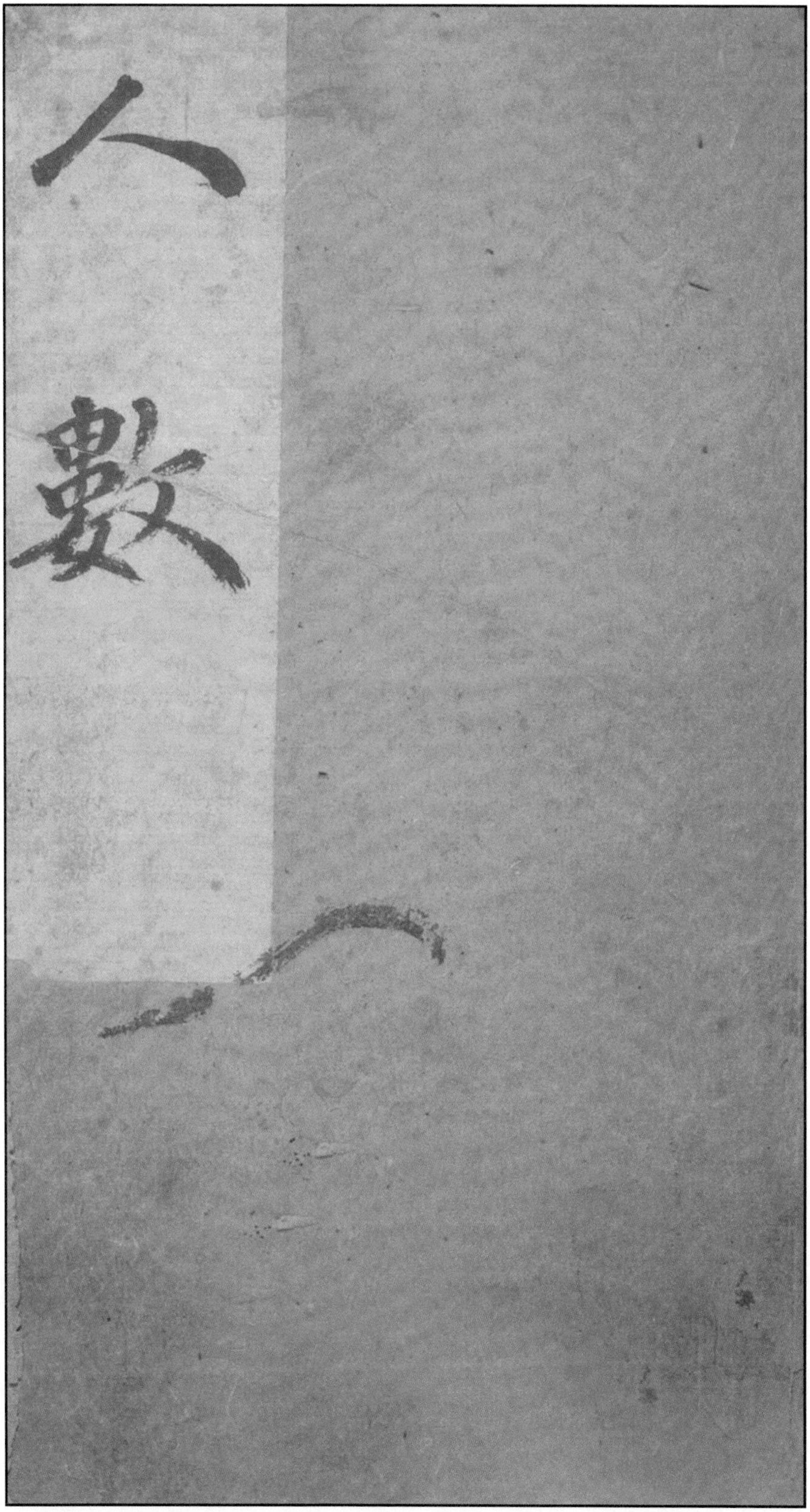
人數

初數

卅 大叶
五十 大叶
四十 八丈
七 八

一	二	三	四	五	六	七	八	九
一榻苛藥	好成人事美	骨肉凋零	江干試魚鈎	人虽一名	未從無常	兄弟十人	勿嫌夜雨如濡	能喙之歸
迷當烟雨滅紅粧	偏隱是非多	大業無靠	金鱗一餌收	數非一姓	大半虛耗	合此六刻	行看春風暗度	力可乘夫權

一
十一二三四五六七八九

桂有秋香三兩朵　初年先長牡丹枝

五人有刑　再娶乙酉生

七十七
半夜听猿声　哀哉不忍闻

父母同戊寅　前定

恭勤慈善　習勞無怨

卒十二
反復無常　支持度日

二十 頭子不出頭女穩 中年方許叶熊羆

一 廿八七 宿酒困人 几多顛倒

二 兄弟十一人 秦楚不同盟

三 四十六廿 十分春色 東風嚓哨夜酒寒

四

五 廿二 破財之失 宜當戒主

六 夫命戊寅生 註定

七

八 卅四三 奪得錦標歸 显文章之妙用

九 十廿九 春風佛服 柳綠遍陰濃

三十

一二三の五〻七八九

父屬龍母屬馬　先天數定

母命巳巳生　數定

廿の三 鵲噪新枝　頻頻喜到

卅の三 白氣貫天　家丁之咎

良人有刑　再嫁乙丑生

廿六廿 人事蹉跎年復年　凄凄夜雨听歸鵑

怙先去世　屬鷄翁命壽元長

四十

一　廿の三　披蔴逼逐　事有不足老椿傷

二　妻命辛未生　前生已定

三　色為戕性之斧　因迷戀而亡身

四

五　卒の三　鵶啼屋角　吉裡藏凶

六　夫妻同已巳　前定

七　不知分量　招引其禍

八　迷戀陰人　貶損其名

九　十ス廿　板藤附葛　崖上崎嶇

五十

一　二　三　の　五　六　七　八　九

卄八乂　五雲扶日出　霜雪若為稍

卄八乂　客中話有變　積恨揔難言

良人有刑　再嫁癸亥生

半十八乂　一年復一年　事乱心未安

半十ㄨ日　春風一陣惡　几点乱紅飛

十ㄨ日　秋卅逢春　行看嫩綠

卅の三　鳳皇台上集銀箏　翡翠堂前金管鳴

半十ㄨ日　蔗味甘甜　咀之不厭

金水之年　秋試成名

六十

一　二　三　四　五　六　七　八　九

六十の　福自隨人　平安之吉

七十の三　笑來究竟不如閒　田頭及早禮金仙

の十ス日　燕子于飛春晝長　園林錦綉百花香

卅八乂　及時雨來　秋成有望

廿ス日　瞻前顧後　掙過岩磐

卅の十九　机会未來　大器小就

七十

一 二 三 四 五 六 七 八 九

房犬翁命寿元長

命中生定

及早保延

四海春風

宜績愼怜

朋友相扶

特先去世

賢能之帰

命該不寿

為人和美

门裏户冷

親力少助

八十

一 二 三 の 五 六 八 九

二 卅一二 数该得子
の 八十一二 老樹落葉 帰于本根
五 文昌星照 大魁天下
六 兄弟十二人 数有六貴
八 卅九の十 水明山秀 瑞氣青發
九 五十六十 蒼龍出海 波涛喷浪

九十

一二三四五六七八九

卅二 江中水流急 一瀉千里

七十四三 課雨問晴 及时行楽

早景虽無栄與辱 閑愁閑悶也还多

好成人事美 倫引是非多

五十八 器于深沉 不可推測

早歲頗連未有成 南园種柳北园興

飛鴻一隻 嚦嚦过南州

一百零

一 二 三 四 五 六 七 八 九

浪跡生涯 虛名虛利

卅の三

玉樹瓊枝正蕤榮 禍福惟听一江風

壯先去世 属猪翁命寿元長

卅八

子規南枝半夜啼 高堂春樹晚風吹

大妻不育 副室先兒

佳樹開花結果遲 南枝未見子孫孫

二百一十

一 二 三 四 五 六 七 八 九

廿四三 溽暑得夜雨 兩腋生凉風

辛四三 清风拂面滿 香枝滿楼台

数有十二子 四子送老

命裏合見莫怨嫌 收拾假子送歸天

辛八 心事难言 逢人强笑

辛卯 得上最高楼 無边景色收

一百二十

一	二	三	の	五	六	七	八	九
五十六五	廿八又		卅六廿					六十二
流年破財	冲天之志		反吟復吟		良人有刑			取次東風便
床前鬼猜	未能展翅		骨肉相刑		再嫁辛酉生			江頭好掛帆

一百三十

一　二　三　の　五　六　七　八　九

父屬猪母屬犬　前定
人不近黄金　黄金隨人殘
宝鏡重磨　光勝昔
几陣狂風吹落花　暮春一夜捲黄沙
子十の三　命有災來　官非破財
卅早九
子の三　父屬龍母屬犬　數定先天
早年莫道多見　晚年更多跨灶
个十九九　日影欲西沉　光景無多剩
早九　黑云西北起　有物牢收拾

二百四十

一 二 三 の 五 六 七 八 九

夫命戊辰生　合數

玉人有刑　再娶巳巳生

卅又四
寸趺之愚　重圍可破

夫大三十八歲　數定

四十の三
欲作遊春計　內宮未晴

四十八
祥雲擁出　ると及心

四十二
净嵘祿馬　儼然八座之尊

一百五十

一 二 三 四 五 六 七 八 九

廿二 欣々向荣 桃李清明时候

妻大十三年 前定

四十四三 運轉鴻鈞去復來 囬頭人事嘆穀用

四十六十九 默々昏々 犬吠見凤生

五十六廿 展開金室慳 洗出蜀宮球

卅四三 太歲当年 灾晦相侵

一百六十

九	八	七	六	五	の	三	二	一
	卆九 卆			廿八		廿九 卅	廿九 卅	卆の三
翁先去世	金風陳陳	兄弟七人		風緊好行舟	數有二子	春月無眠日	江山秋雨过	福德相扶
屬鼠壯命壽元長	秋成有望	秦楚不同盟		躍馬檀溪到豫州	一子送終	陰寒未及时	人在杏花天	官職高遷

一百七十

一 夫命已巳生 前定

二 六千一二 犁天不仁 高下留心

三 夫妻同庚午 數定

四 六千四三 夕陽西落 早已黃昏

五 五千卒九 經之營之 辛勤度岁时

六

七 六千ス卅 公私無涉 人事必安

八 丑人有刑 再續甲辰生

九 廿ス卅 行人止崎嶇 漁郎指迷津

一百廿

一　妻命巳巳生　前定
二　卅〤〢　一個狐貍抱旻雞　有人相逐过桥西
三　十〤〢　嫩艸欺霜　侵早色萎
四　父屬牛　前定
五　卅四三　鳥報東君駕欲来　水流花落兩相猜
六　卅二　湧泉掘井　未能止渴
七　四十早九　多晦多憂　常為眉頭
八　早七　厭見江皐雨未収　朦朧一直渡江洲
九　〇十四三　春深花李　到处成陰

一百九十

一二三四五六七八九

性如烈火　不弱強人

一生丹青巧畫真　能垂不朽古人名

三子屬猴　方合此數

好酒貪花喜南風　先天註定不差分

卅六

聽梅天氣　微雨弄陰晴

卅八

旭日出放　光明氣象

弍百零

一 二 三 四 五 六 七 八 九

翁先玄世

属牛姑命寿元長

母命丁卯生

前定

每招怨尤

不省晦过

二十八乂

灾愆与病纏

不敢向人言

二十の三

南軒春氣泻披襟

鬼怪持戈亟逐人

父属鼠母属雞

前定

二百一十

一 夫命丁亥生　數定

二 卅大丹　春風盈滿面　啾唧自家知

三 卅二　文星高照　一舉成名

四 六千の三　惆悵多　逆風操楫待如何

五 父母同癸未　前定

六

七

八

九 卅大丹　馬陷沙中　起而復躍

二百二十

一　四十四九十　次第春風入苑花　紅〻綠〻鬧韶華

二　三十四九十　行人莫向前　渡口浪頭顛

三　卅四三　日光雲半捲　風捲見晴空

四　六十四三　天時人事喜相逢　不成功處也成功

五　夫妻同丙寅、　前定

六　四十六二　一年又一年　顛倒不如前

七

八

九　此數之中　瘋病而亡

二百三十

一 〤千〤〣 池塘雨過 春水金鱗

二 卅八乂 求之十九 成之十全

三 卅八乂 浮雲捲盡碧天空 日色融和瑞氣濃

四 廿八乂 好樹奇花 夜深風雨

五 廿二 東西必有愛 云罩屋簷頭

六

七

八 廿〤〣 失悮憂煎大 謀為未可通

九

二百四十

一	二	三	四	五	六	七	八	九
廿十 の三	五 不				卅 八乙		卅 不卄	
二人逐鹿	太歲有劍鋒		夫命丙子生	是個朝陽補納僧	舟車往来	父母同居弟	一顆明珠夜有光	兄弟三人
彼起我伏	小兒当有患		前定	高山流水结茅亭	関津之阻	前定	江山千里可行藏	數當居長

二百五十

一 玉人有刑 再娶甲子生

二 廿卅九 人事糾纏 費工破錢

三 廿之三 月工亂云收 晴光坐綺樓

四 七十之三 蒼松翠柏 不改顏色

五 十廿九 不用卜仙机 其年路半迷

六 翁先去世 房屬壯命壽元長

七

八

九

二百六十

一 重山之外有黃金　路上泥濘有一鶯

二 の子九 快樂無邊　雞飛高木見憂煎

三 十六二 黃昏雨未晴　月色五更明

四 父命壬辰生　數定

五 卅の三 向路不逢人　不識東与西

六 の子石 馬陷坎中　得人扶起

七 卅の三 事不稱心　枉費精神

八 の子化 花開一樹滿園紅　不道根枝被蝕虫

九

二百七十

一 二 三 四 五 六 七 八 九

の千
不知

の千、二

乂十
不知

父属兔母属雞　先天註定
行当晴道　借点萤光
夫大十三年　数定先天
切莫恋陰人　迷途必丧身
数有四子　送老只三
四子属雞　数定
片云掩日　也有阻迷
有酒且歌　行楽如何

二百八十

一　五十二　夜掩雲掩明月　曉散日光輝

二　五十四三　蟬鳴柳枝　若斷若續

三　卅四三　身向心不向　日日事相牽

四　毋命癸亥生　數定

五　卅四八　飲食有餘　身當受恙

六　五十九八　綠陰之下好婆娑　羊觸藩籬禍相逢

七　四十二　謀為不遂　鏡花水月

母命屬犬　數定

八　招得龍牛犬羊子　合數

九　七十五九　常安常慶　無日不足

二百九十

一 千三 蒼松翠栢 不改顏色

二 廿の三 外風入戶 空中伏犬

三 徒弟三人 二人送老

四 玉人有刑 再娶甲午生

五 廿三 室中安樂 天意從人

六 廿の三 霜橋人莫行 且是危坡水坎深

七 母喪土年 父亡木歲

八

九 廿 卅九 馬足行遲 脫臍坎震憂

叁百零

一	七十六四	自閙笔事	安休之吉
二			
三	卅二	魚已吞鈎	經綸展而復失
四		妻大十四年	註定
五	六十九 八十	積尚弗卧	早晚慎行
六		十年磨一劍	霜鋒未曾試
七	四十六 二	一天星斗燦然清	西北云生夜不眠
八	卅九 四十	紫氣聚三台	三場拔捷未
九			

三百一十

一　二　三　四　五　六　七　八　九

一　辛四三　汲水烹茶　清閑之福

三　早十三　万斛之舟趁順風　飄然風渡到江東

四　卅一二　數定浮子

八　帆掛順風之業　千里瞬息行程

九　辛丑八　望斷江波勢渺茫　行人欲渡意彷徨

三百二十

一 二 三 四 五 六 七 八 九

兄弟十一人 中斷惜離群

妻大二十歲 數定

宗法貴享 五福全備

終身飄泊恨無依 明月烏鵲未有棲

父屬雞母屬猴 前生註定

卅九卯午 月明中天日 人文名震時

卯午不日 桃于蒺藜 且君子辱

三百三十

一 十五 範刑消息正春光 点綴梅花次第開

二 能治家作主 擅秉夫權

三 兄弟十一人 嫡庶所出

四 助夫廣置根基業 教子成名裕后昆

五 五十六 半夜風霜寒徹骨 園林黯淡葉枝凋

六

七 六十九 晰瀝秋声 愁人不忍聞

八

九 母喪土年 父亡木歲

三百四十

一　二　三　四　五　六　七　八　九

五午の三
卅八七

前程亨泰
招得子午卯酉兒
洞庭月色正中秋
几番風雨
木土之年
真假六子

朝陽巳上三竿
正合此數
光景相逢可勝遊
花復鮮明
功名得意
二子送老

三百五十

一		良人有刑	再嫁乙酉生
二		偏与知交最得機	情同骨肉兩相宜
三	〥千〥〣	客卿無聊	却恨夜來風雨
四		駟馬交馳	終身不能安逸
五		妻命巳卯生	數中註定
六		硯田旬水化蛟龍	馬走羊腸躍九宮
七	〥千〥〣	貴指前程	名成利遂
八	〥千〤〢	酷暑曬人	那吼風清
九	〢千〤〤	悠悠哀事日	不必羨神仙

三百六十

一 二 三 四 五 六 七 八 九

廿三 夜边宝馬躍金鞍 剪剪輕風透面寒

卅の三 宝劍起青烟 三行上碧天

夫大二十二年 數定

卅二 謀事急成又破財 馬頭烟雨暗飛來

五十八 井中水涸 往來其嘆

廿八 卯末及旬 雌雄未分

三百七十

一二三四五六七八九

四十二

玉堂頓整起星歌　鉈伏梁間火氣生

翁先去世　局鬼姑命壽元長

卅の三

利鎖名韁最縛人　馬停風捲暗飛塵

車馬駢集　门庭輝耀

其手拘掌　前生註定

五人有刑　再娶丁卯生

三百八十

一	二	三	四	五	六	七	八	九
六十九		四十二	廿四三				廿卅九	
中庭起舞		白玉埋藏費琢磨	夜落烏啼	良人有刑		無憂季子十餘年	作事多掣肘	福星天定
樂尔何如		工深價重世罕雙	正多惆悵	再嫁甲子生		手大黃金腰下纏	悲憤恐搔首	会見三軍司命

三百九十

一　当年借我一青毡　寂寞寒窓年復年

二　卅三　羌笛一声　吹出落梅之曲

三

四　辛丑　常安顺处　猿啼餘响

五　夫妻同乙丑　前定

六　一缕青衫易浔　但恐浔而易失

七

八

九　十廿九　作事难成　谋之成拙

肆百零

一 二 三 四 五 六 七 八 九

一　廿九 卅九　迷畜烟雨坐滩頭　天日陰濛唯工鈎

三　丑人有刑　再娶壬寅生

四　卅二　附于驥尾　可行千里

五　五十四三　万頃波涛駕巨舟　春天落日過江頭

八　五十八四　吹落梅花美留凤　愁人听見思無穷

九　卅八　脮氣侵人　庭前草色新

四百一十

一	卆の三	故人話舊	感慨無窮
二			
三	廿の三	出声唧唧	如有嘆息
の		兄弟八人	樂奏几般音
五		百爲飜翻	廟食無窮
六		父屬馬母屬羊	先天數定
七			
八	卆九	衡門之下可棲遲	金馬何勞費尔思
九	廿の三	景色皆明媚	勝事目前多

四百二十

一　寂寞蘭房夜正長　爭談人事慢施張（卅六）

二　父命早歸天　幼出娘门命不全

三　夫命壬辰生　前定

四　離鄉而背井　别創家国

五

六　父屬羊母屬犬　先天數定

七

八

九　無憂不足　轉眼即是（四十八）

四百三十

一 二 三 〇 五 六 七 八 九

二十八

和氣和氣　人無乖戾
問名趸而乞成　不若利有寔益
際会得周旋　牛笛橫吹碧遠天
翁前先去世　鳳龍姑命壽元長
妻大十五年　數定
晚景康强　蔗味餘甘

四百四十 卌八乂 月圓月缺 行雲過日

一

二 卆不卄 家室相慶得安寧 交道秋來賀太平

三 の十二 興來脫韁 貴人登賀

四 長亭短亭 朝暮送行人

五 二十不卄 欲上高楼不見梯 不能起步意遲疑

六

七 四十二 流年当有傷 骨肉嘆相残

八 五十八乂 突復有突 吉匹次第排

九 十八乂 隔林听見鳥頻啼 灼見其中是與非

四百五十

一 二 三 四 五 六 七 八 九

五十四三

三子屬犬　註定

扁舟江上送行人
千里征蓬頃刻回

一顆明珠有夜光
主人什襲好收藏

翁先去世
厚此姑命壽元長

四百六十

一 卅八
入天台路遙
見漁郎而問渡

二
兄弟桃園本一枝
五行前定數中知

三
桃边之人各有憂
半年床足半年頭

四
身体廣胖
法厚之象

五 廿六廿
歷盡崎嶇道路遙
登山涉水提徒勞

六
妻小二十三年
前定

七 卅可三
好個春光
妒花風雨

八 廿の三
事欲速而反遲
以堅守為上着

九 卅二
青天忽有惡云生
猛地驚人雷有声

四百七十

一 二 三 四 五 六 七 八 九

辛丑　卅丑

數有五子　送老只一

翁先去世　寡婦命壽元長

陽關一曲斷腸声　艸色看看別故人

直假七子　六子送老

中流風急　操楫著力

四百八十

一　父十の三　春夏淂安然　秋冬惹歎

二　半十入日　踪跡杳然沒處尋　紙灰飛处見阴生

三　數有十二子　二子送終

四　五十の三　山下過時防野獸　不傷人处也傷人

五　廿八　花開零落怕東風　夜雨吹殘滿地紅

六　父屬猴母屬鼠　先天數定

七　中年淂子莫嫌遲　雖然遲了慶有餘

八　又十の三　東籬黃菊　粧點秋容

九　半十八　好花滿月　及時行樂

四百九十

一　二　三　四　五　六　七　八　九

卅四千九　暗中迷路昧東西　前有流螢引路迷
卅四三　桃李皆陽春　板橋霜落戒人行
良人有刑　再嫁壬戌生
五千九　草木凋零正九秋　一陽初動水痕收
江边一隻鴻　無弟亦無兄
好運催人　馬足黃金
四千四三　九点疎星落　南樓見太陽
司馬牛憂命裡同　人多兄弟我偏無

弍千伍百零

一　五千八口　出作入息　優閑慶日
二　卅八七　庶当得子
三　廿卅九　滿園花朵　遲早未全紅
四　四子屬土　合數
五　五千八口　晨昏不消停　常与見孫置馬牛
六
七　三子屬木　在數
八　姊高双雁　春暖齊飛
九　卅八七　遲日園林晝漸長　画堂嚦嚦燕泥香

五百一十

一 五十八 閑來調寉 放遊人之意

二 夫大十九年 數定

三 四十三 寒風苦徹裘 春風依旧滿皇州

四 五十二 相安無事日 屋側鬼欺人

五

六 弄耙耕牛 終日安業

七

八 卅 四十九 一庭紅紫鬧芳菲 昨夜風狂折一枝

九

五百二十

一 二 三 四 五 六 七 八 九

十廿九　進退無定　若驚若恐

五十八乂　病人伏床　恶夢不祥

五子屬牛　數定

數有七子　三子送老

子午卯酉同胞　先天註定

五百三十

一		夫命甲戌生	前定
二	卅八七	太歲當门	究生不測
三	卒十八七	寂寞相如卧茂林	芦医再世便回生
四		五子属金	合數
五	廿四三	棲息報林	一枝未可安身
六	五十卒九	落日微風動	篇開引燕来
七			
八		其年逾過	还有十三年
九	廿八廿	一天星斗	乱鴉啼見朝儀

五百四十

一　二　三　四　五　六　七　八　九

五十八七
清流動棧人　日日醉鄉遊

妻命甲午生　数定胭缘

家徒四壁不和貧　一擲千金胆氣横

六十卯三
雨过開日色　万里遍光華

四十四十九
進之甚难　退亦不易

五百五十

一　甘心操守　不肯趨奉

二　廿四三　無边光景至　大地陽春來

三　卅九　四十九　道路寒荊棘　遑遑莫問津

四　四十八口　三陽已轉　律候年華

五　捉襟露肘勿憂貧　龍伏于淵雨未行

六

七

八　四十四三　屋簷鵲噪　喜逐人來

九　父屬鼠　母屬羊

五百陸十

		兄弟九人	秦楚不同盟
一	五十八	互曜相欺	皆賴吉神擁護
二	六十二	于人無所求	快然自樂
三	五十 五十八	行乎勤儉	利有攸往
四	五九 六十	若遠若近	徘徊不能前進
五	卅の三	漁舟一葉一江風	順風相看樂意濃
六		丑人有刑	再娶戊寅生
七	四十八	神思呵責	諸營不息
八	四十の三	西之復東	蹤跡飄蓬
九	廿六五	名高先唱	秋听鳴詩

五百七十

一 四十八五	月明祥雲簇錦霞	高歌白雪与陽春
二	財不能聚	来之復去
三		
四	兄弟二人	數當居末
五 六十七十九	放豹空潭	那有魚兒上鈎
六 二十八五	一樹梅花破雪開	風吹几点上梅花
七	夫命屬猪	前定
八		
九		

五百八十

一 二 三 四 五 六 七 八 九

六十九 踈雨霏暗溼衣　陽關三疊送行人

玉人有刑　再娶甲戌生

卅二 春光度野艸　庭前遍綠生

夫命丁丑生　前定

四十二 塵清宝鏡　光荣不与旧时同

光弟三人　數當居末

五百九十

真假四子　送老只云

一　廿二　奔走千里　高山停足

二　卅八　杏花春雨足　春色車馬速

三　四十四　陽和景物逢　征夫怯夜还

四　四十四　山溪轉过又高崎　望見前村有酒旗

五　六十六八　望门报止　却遇知已

六　四十四八　末行先止　却收其益

七

八

九　五十四　青牛一至　兜央各自飛

陸百零

一	卅の十九	大樹枝踈	前可休息
二	五十二	華堂深处炯生花	紅彩光搖透絳紗
三			
四	の十二	三春花柳	遭小風雨
五			
六		妻命戊寅生	定數
七		五子屬木	合數
八	子の三	柳搖嫩緑	行人攀折一枝
九	卅二	長江虽有浪	一葦足行之

六百一十

號	數	詩	斷
一	廿ス卄	少人陰害	重山之外
二			
三	卅の三	遠近青山	回逢千里
の		夫命乙亥生	合數
五	の十八ㄨ	鵲報秋晴	籬外有好音
六	卅ス卄	隔江烟雨起秋云	早暮往人仔細行
七			
八	卅二	撥排過渡	未見笑顏開
九		夫命屬羊	前定

六百二十 五十三 馬丟鞍轡 未可遂行
一 卅四 風息可行舟 中流有個憂
二 廿五 毫不費工夫 求之當有得
三 廿四 盆沼之魚 僅能濡體
四 卅四 踏破鉄鞋無覓处 得來全不費工夫
五 父屬虎 母屬龍
六 卅三 路悠悠而遂通 進為有益之中
七 卅五 兩行旌節上皇州 虎伏前途可用憂
八 廿三 眉頭展開 事得安舒
九 水土之年 入津合數

六百三十

卅四　主人指点前村　指得前村又转村

一　削髮做尼姑　当年没奈何

二　廿四　憂转為樂　时来凑合

三　绿陰堤下钓鱼翁　岂是终身命合穷

四　夫大十二年　前定

五　六十二　五鬼怕当謀　破耗在年頭

六　七十八七　東山歌酒　樂尔何如

七　六十四二　南浦之别　傷如之何

八

九　六十九　霜落猿啼　旅人凄其

六百四十

一 二 三 の 五 六 七 八 九

廿八 仰高樓之崔巍 恨無梯之可入

六十二 豐年穰穰 家室相安

清閒自在 不生不理守清規

至木之年 數當入泮

前人事業總成空 運到來時又亨通

の十の三 屈指計前程 前程杳不明

五十八 藤羅當路 步步有把程

六十の三 紫蠏黃雞 田家之樂何如

良人有刑 再嫁巳已生

六百五十

一 二 三 四 五 六 七 八 九

翁先去世　屬羊姑命壽元長

辛卯三　羅網四圍純　內外芙蓉長

五十二　一盞灯火坐黃昏　定引出神巳在门

金水宜入洋　伏土上清霄

卒卯三　滔浪併波涛　孤舟繫得牢

土火之年　名登黃甲

卌卯九　風恬浪靜　行人安穩

六百六十

一	辛の三	事不劳心	淂之湊合
二		清淨自優遊	前生一老禪
三		夫命壬午生	數定
四	廿八七	猿猴升木	窺覘有陰謀
五	四千八七	憂之又憂	乘有神救
六	四千八七	倚窓沉寂正悲人	凬動扶踈暗有声
七	四千六三	青霄寉涸	难于九杯
八			
九	一千六三	一泓清水碧琉璃	鱼躍波紋鷺若疑

六百七十

一 二 三 の 五 六 七 八 九

十八 風雨烟塵 晝夜不分

五十の三 楊花看着紫 豆々着人衣

良人有刑 再嫁丙寅生

の十八 渡过危橋路始通 人家檐映鳥声中

廿九 朝夕奔波 只添惆悵

七十の 山南山北杜鵑帰 句々頻々喚客帰

十八 豕伏長途 突殃入室

卅八 高堂春樹正枝疎 一夜狂風折一枝

六百八十

一 二 三 四 五 六 七 八 九

廿四三 行之盤桓 進退未安

七十六九 錦堂列綉筵 兒孫慶賀福無边

廿卅九 主張有人 進取當有益

四十六四 到处有逢迎 馬足行千里

父屬木母屬土妻屬金 量天尺上對未真

福祿双全 前生種德

六十八七 飽食暖衣 可以永日

六百九十

一　五十の三　人事蹉跎惆悵多　愁能消遣病如何

二　五十の三　天有雷声　不及掩耳

三　五十の三　龍光幽耀　位貴三公

四　十卅九　鬼神之怨　大四討其責

五　建百世之奇功　位当列爵

六　の十八七　春光有候　千里杏花新

七　父命幸（辛）未生　前定

八　五十の三　醉起舞婆娑　優遊樂意多

九　五十の三　小橋扶杖　回轉山路蹊

柒百零

一　資財積有餘　無限作耗却成吞

二　平平九　五福咸臻拜罷　児孫繞膝慶生辰

三　夫命丙戌生　前定

四　廿八七　春色惱人懷　眉頭展不開

五　平平九　几當風雨几經過　多少昇沉費所思

六　卅人廿　晦氣消除人事通　無謀得合喜相逢

七

八

九　廿丶二　惡犬視人　須防有害

七百一十

一 夲のミ 山蹊曲轉 灣水溶溶

二 乂千八乂 千倉萬箱 福祿無疆

三 の千九 の千丱 筆走蛟龍百丈光 一行揮过姓名揚

四 卅 の千九 炎炎暑氣 向天曾有雨来多

五 無憂眼下事遅遅 得借他人運轉時

六

七 の千不丱 雨愁暮風漏 相看吹牡丹

八

九 乂千不丱 百事已全休 夕陽西下水東流

七百二十

の千八日　祿位隆昌　官職高遷

一　數有五子　二子送終

二

三　廿の三　金星登駕　一年冠君羣英

の　辛八日　大寒猶未盡　嘹哨有餘風

五

六　廿八日　盤桓而進　守以中正

七

八　三の　溢之花吐露　須刹見朝陽

九　廿卅九　江頭昨夜報潮生　喑舊奔騰勢欲吞

七百三十

一 四十一 二 沉而復滯 任是百般巧計
二 卅 卅九 多難更多災 寶鏡蔽塵埃
三 一生享用足長財 百事無求福自來
五子屬水 前定
四 廿一 二 好花早開 風雨先來
五 四十一 二 既日無虞 徒行取困
六 卞和之璞 不遇其時
七 五十 五十九 不必其志再望 淵明今見東歸
八 六十 六十九 謀事無成破局多 十年一二奈如何
九 十七 八 天喜臨垣 數當得子

七百四十

一 二 三 の 五 六 七 八 九

五十〤千
陰〻三伏
含風一夕爽人懐

節薄顛倒未可言
江南江北渡無般

早の三
通都大邑
物〻咸偹

五十五千九
前有阻厄
退之爲得

卅二
南囯風烈
椿枝昨夜風吹折

真假三子
二子送老

廿〤千
陰陽調和
沾濡雨露

卅〤千
利須而求
名声可成

廿八七
黄鶯出谷
却好天晴

七百五十

一　二　三　四　五　六　七　八　九

求謀不得定

命犯耗神

玉人有刑

取市纏之利

午四三

人能知足

父命甲子生

浪捲日浮萍

決配徒流之罪

再娶壬午生

白手成家

春梅出玉

数定

七百六十

一　二　三　の　五　六　七　八　九

凶神責罰
小口之咎

八千六九
春風既然
無日不足

六千の六
常用其憂憲
刑尅亨安寧

七千六八
中天碾上碧琉璃
万里光明路不迷

嫦娥奈何寒
可以常相守

十五千
綠樹淺烟罩
柳青春正逢

の千六八
長安道上利名関
賺得征人去復還

廿の三
躑躅可驚
实晦相侵

七百七十

一 二 三 の 五 六 七 八 九

五十九 九

五十二

卅の十 八

兄弟三人

抛却家鄉走外州

人事和同

披襟涼亭

命薄紅顏一樹花

大數已止

刀筆爲活計

经营早止〻苦勞心

樂奏几般音

貴人提拔不須憂

欢娛樂意

漸覺清風生

東翩西復如萍華

傷如之何

紙墨作生涯

几日勞心利有成

七百八十

一　四十不开　馬歸羅擁香塵　馳驅千里

二　五十不开　日曉鵝啼万井炯　朦朧柳色正堪眠

三　章台楊柳　行人折取路傍枝

四　向舟不濟　前有風波

五　六十二　夫大一年　數定

六　五十八爻　逐路崎嶇　掙過一程皆利坦

七　夫命乙丑生　數定

八

九

七百九十

一　二　三　の　五　六　七　八　九

六十八四　食飽無求　安然進步

の十八十　劳心又劳力　美末又恐失

廿九　卅八　歷落花花舞　春去十之五

數有四子　送老一双

夫妻緣舊　兩处分飛

の十の三　梅花傲雪消閑開　白占紅頭春又来

の十の三　喬木风儀　文名有成

五十年八　揚子江心一浪舟　片帆飛过早潮遊

卅二　春色十分濃　水流花落鳥啼凤

捌百零

一	十の三	去路風波不自知　行人及早將衣增
二	廿二	行人莫向程　眼前不是津
三	卅〤十九	桃李遇春風　即是綠陰濃
の	廿ㄨ〤	庭前艸色　新綠又加
五	廿ㄨ〤	有醉有醒　人事漸展
ㄨ		辛勤拮据　白手掙成家
七	〤十の三	玉宸三更　秋風入室
八		
九		

八百一十

一 四千二 心欲高时奈運乎 為謀美巧反成拙

二 十 廿九 憂时未醒 或顛或倒

三

四

五 五千九 五千 朱衣点頭 飛騰之兆

六 卅二 憂之復喜 先难後易

七 卅 四千 望得前村霽色開 風生雲起雨連来

八 千 四三 前後擁護 寂寞之境

九 四千 四三 豹得金鱗已上鉤 綠綸漫捲可無憂

八百二十

一 二 三 の 五 六 七 八 九

十六廿

宊悔相侵

非道亦非僧

夫妻同偕老

五十の三

人事今朝得暢懐

五十六廿

云散月明華

卅の三

走到羊腸路若迷

四子属猪

可保慢消停

浪跡过光陰

琴瑟兩和鳴

和風麗日百花開

正好問行藏

其中一看占先机

数定

八百三十

一　二　三　四　五　六　七　八　九

四十二　卌四十　廿八

卅二

四十八

四十二

七十六十

廿卌九

花落花開　春風次第來

官符又飛符　駁雜是非多

徒弟一人　得以送老

謀事有濟　春光又見子規啼

晦氣逼人　減卻精神

哀哉哀哉　數聲悲笛梅花落

到此數難留　頓愁別离情

夫命辛丑生　前定

駁雜事紛紛　不但官非更有迷

八百四十

廿の三　事未有通　舟開遇順風

一　衣食有餘　一世安樂

二　十廿九　春光愁裡过　折挫復折挫

三　廿八七　山頭餓虎吞羊　作事漫施張

の　日〻奔馳不得閑　囊中羞澀一文錢

五　翁屬牛　姑屬虎

⺍　十二　晦氣相侵　狂風驟雨有憂疑

七

八　十廿九　踏雪郵亭　歸來白滿羅巾

九　廿六五　蘭亭已秋　一堂昏里ㄟ

八百五十

一　二　三　四　五　六　七　八　九

口十乂午　流年相見有悲啼　一夜秋風話別離

數有一子　得以送老

廿八乂　綠陰深处有凝冰　百事多明未有成

六十乂午　事多齟齬　靜听為何

七十乂午　回首別故人　空當百年計

夫妻同壬申　前定

八百六十

一 二 三 四 五 六 七 八 九

四十八　十年剩有事紛紛　以後圖謀事有成

五十 五十九　羅列高堂、　從前事渺茫

金木之年　黄甲先登

三四　可惜呱呱命不堅　山頭餓虎又重涎

廿四三　此年得子　喜上眉尖

廿卅八　知己時來不用猜　龙泉磨洗出塵埃

夫命癸巳生　合數

四十八五　吉死十里　一枝為奇

八百七十

一 廿の三 生涯寂寞 思有凄涼

二 五行家重刑傷 尅胎即尅母

三 吾之不幸 早失双親

四 功名不必苦相求 為报先声在馬頭

五 十、二 舛錯不知 憂从之何

六 の十、こ 否之既極 泰当即至

七 4千 九 四季康寧 吉祥納福

八

九 十廿八 洛陽為报十分喜 楊柳依依遍綠陰

八百八十

一 二 三 四 五 六 七 八 九

丑十二 銃中之人 遇而不遇

廿久丑 春水遊魚 躍而變化

丑十久丑 机会未曾来 謀事費工夫

十久丑 一天星斗湛然清 十里平坡取次行

無非一領青衫 已結終身之局

丑十八乂 美運福臻至 黃金逐人來

四丑卒九 所為皆遂 謀圖得合

八百九十

一 二 三 の 五 六 七 八 九

の十の三 今朝喜見太平年 解放眉頭帶笑顏

半十、三 步步崎嶇 高低着意

五十、三 画餅充飢 謀望皆虛

二子屬豬 數定

六十八X 光景不如前 風風雨雨不堪言

十の三 春之復夏又秋冬 寒暖更迭事不全

卅九の十 扁舟一葉半江風 忽起東西風一行

玖百零

一 二 三 の 五 六 七 八 九

卆ス卄 輕雲飛過 明蟾依舊見青天

卅九の十 桃花浪暖 魚文為龍

卅二 年來作事強支持 啾啾唧唧自家知

三十年來總不如 前程後業有盈餘

十廿九 雨中桃李 零落易披

卆ス卄 炉消香盡未寒灰 一縷烟生火未回

十七八 璞玉在石 难分真假

卅ス卄 謀事皆奇 却費勞力

九百一十　卅六二　囊空难見杜陵人　用尽青錢剩一文

一　卒卅　散尽寒英　梅花先报一枝春

二　卒十六二　連宵風雨　十分春色半欄杆

三　父母同属蛇　数定先天

四　十六二　太歲相攻　是吉也成凶

五

六　卒十の三　前路去迢遥　徵名亦可得

七　廿卅九　事業自逍遥　何須向六爻

八　廿六二　一舉登科名占先　馬蹄無阻又加鞭

九　五人有刑　再娶巳丑生

九百二十

一	卅石丹	利名強求	動而見尤
二		兄弟三人	秦楚不同盟
三	卅三	青青艸色	失卻風雨
四	廿八七	黃昏不辨	幸餘明月有長庚
五		夫命丙寅生	合數
六	廿卅九	多少未成事	時常掛個愁
七	四十石丹	馬在山之南	人在山之北
八	七十八七	東去西歸	回首唱離歌
九		五子屬土	方合此數

九百三十

一　二　三　四　五　六　七　八　九

五千六二　馬頭羊尾　緩步多風雨

四千四三　千里寄來音　疑出疑是(吉)如何

四千四三　野猿逐鹿　走入我室

五千八七　所遇不相知　未可語心机

五千八七　欢聚门庭事　錦衣玉食福咸增

浔拜覃恩　祥加官職

五千八七　失日如蒸　爽氣得梧桐

五千九　愁恨隱隱人無緒　白玉堂前飄柳絮

夫妻同一年丑　數定先天

九百四十

一	卅二	車脱其轄未可行	輻輪虽得慢消停
二			
三	四十　四十九	破財迍邅	事有更迁
四	六十　八十	小輩欺淩	損而有害
五	四十　八十	淡飯黃韮可療飢	兎云拋雨掩柴扉
六		早年秋夜雲遮月	人可升沉未暢怀
七			
八	卅二	秋禾枯旱	沛然一雨是精神
九	卅　八十	紅粧零落泪潸潸	血染南山竹作班

九百伍十

一 二 三 四 五 六 七 八 九

數有六子 一手送老

命多刑剋 男女总無緣

財帛盈豐 一世無憂無慮

親爭破蒼苔 一步高一步

卅入午

皓月當空 清光自不同

馬足云生 兔兒長大便飛騰

翁先去世 屬猴婦命壽元長

九百六十

一 二 三 四 五 六 七 八 九

廿九 卅卅

十四 十五

七十六 七十八

四十二 四十二

廿四 廿六

卅八 卅九

四十二 四十二

天高地過　莫語窮愁

事業不專　進五退五

到此數難留　夕陽西下水東流

錢方聚散　寶馬獻來

當有五母之稱　數定

六親無片　金釵扶上樓台

惟氣盤旋　財福來之天地

一溪清水送行舟　萬里青山可玩遊

九百七十

一

二 師命屬鼠 先天數定

三 廿卅 夢魂顛倒 如醉如痴

0

五 十八 五 東風晴裡听音息 父関蹇塞兩徘徊

六

七 良人有刑 再嫁乙亥生

八 廿二 流年不聚財 兩眉到處未開懷

九 卅 0三 初夏園林綠陰濃 婆娑能映透襟風

九百八十

一　二　三　の　五　六　七　八　九

の十二
憂且不成憂
憂裡常嘆腓

金木之年
尅子合數

兄弟二人
數當居長

師命属牛
數已早定

五十不日
擬欲延时未有延
提防喜处惹匈連

の十八乂
怨似喜喜似怨
戚戚遠山眉

の十牛九
人情未順
動作疑猜

兄弟三人
數當居中

九百九十

十

一　欲進又徘徊　事危心不危

二　六十〤〥　勞心併勞力　堅心必有得

三　四十の三　欲成好事　必先進步

の　四十亠二　乾与猪未善皆遂　好求方便工云梯

五

六　廿八〤　見机知進退　終是保安寧

七　四十亠二　流年不利　數定尅妻

八　猴催騎白鹿　名譽到天津

九　卅亠二　一逢臨輔提携起　有個惟音在光鄉

乾數

叁千零

一　六十八　春光以媚　花木争妍
二　兄弟惟我　合此二刻
三　廿二　行往不恒　寝之不安
四　数有不幸　母死于非命
五　廿五　七日来復　造化循環其軸
六　四十三　乍雨乍晴　好花不傷顏色
七　六十三　千倉萬箱　既擁富厚
八　秋風肅殺雁行稀　兩隻原来各自飛
九　卅九 四十　送君南浦恨如何　泪欺枯时湿綺羅

一十

一 二 三 〇 五 六 七 八 九

四十四三 不求人而知足

五十二 履孫而曳縞

牿先去世

師命屬虎

七十八四 日出楼台映絳紗

兄弟同巢不同根

圖個清閑之福

行樂少年时

屬鼠翁命壽元長

數定先天

祥光簇簇錦披霞

先天數内註分明

二十

一　二　三　四　五　六　七　八　九

五十千九
四十八七

夕陽已見下西樓
春色平了到杏花
千里經商信海濤
良人有刑
把酒吟詩

精眼黃花可用憂
園林錦繡足堪誇
東西南北主人招
再嫁庚申生
清閑道上

三十

一二三の五六七八九

十廿九

口八

卅の三

蹈入坎中　得貴人羽翼

古鏡塵封　止餘半面

心安未定　百朵时常

黃金散尽不聊生　苦用机谋未有成

妻命屬土　合數

一灣流水　源源滾滾不停

四十

一 卒八乂 從前事業總徒勞　田上江山署慮空

二 牯先去世　屬牛翁命壽元長

三 廿久〤 琅玕初脫籜　嫩綠更嬌倠

四 卅八乂 夫君一別有驚惶　拭却罗衣泪两行

五 十廿九 風光淡蕩　春色正宜人

六 平〇九 財源出自無窮　尋見勢之莫遏

七

八

九 剩些費精神　未許畐安逸

五十

一　〤十〢　大進其財　不謀自來

二　父母仝屬鼠　先天註定

三　廿〦〥　好事即成　春風已在門

〤

五　廿〤〣　陽春天氣　艸木争妍

〦　五十〨〤　進之十里　却退五里

〧　卅〤〣　浪息風再順　安然遍九州

〨

九　〤十〢　楊帆江上浪桃花　撥轉帆檣十丈沙

六十

一 二 三 四 五 六 七 八 九

一　妻命属羊注定
二　廿 卅九　半夜雷声兼雨至今朝必定阻行人
四　姑先去世属虎翁命寿元長
五　十二　春风吹柳絮新绿映楼台
六　卒二　数定得子
七　廿四　廿木早而得雨根株自有滋培

七十

一 二 三 四 五 六 七 八 九

二十四 鴉鵲比噪 凶多吉少

師命屬兔 先天早逝

二十九 得良醫而却病 精神弥旺

卅二 引手面难言 只餘憂慮煎

八十

一　玉人有刑　再娶丙子生

二　人品適出尋常輩　上達人觀物色新

三　父母双棠蔭庇長　子孫総復食天倉

の　廿八　病符馳至　災厄纏身

五　の十八　夢之既醒　清其煩悶

六　卒十二　黃昏相待月東昇　却有蝦蟆眼下生

七　入窓通明　精神開爽

八　妻大十二年　前定

九　卒九　脫却塵凡　悠然物外

九十

一 二 三 四 五 六 七 八 九

七十八四 金玉輝煌 盈門喜色
四十八七 人事重新 勝似去春
廿八四 黃鶯求友 喈呼相喚
七十二二 行樂度流年 從容福自然
廿四三 柳綠又桃紅 三春景不同
饒有蓄積 家室康寧
独力撐持 骨肉情意
六十八四 眉笑顏開 福自天來

一百零

一　二　三　四　五　六　七　八　九

七十〤四
八十八〤
六十四三
卅二
九十四三

從容春正長　歌曲樂無疆
畫堂高歌　日避凡塵
謾言衣食苦肅條　得個安康在一朝
楊柳迷離怯晚霜　朦朧深处影相牢
常有災厄　依稀面逼人
平生推道德　貴人喜相逢
姑先去世　屬兔翁命壽元長

二百一十

一 二 三 四 五 六 七 八 九

四十又四 災雖不侵 家室康寧

九十八又 進圖有益 千祥雲集

廿一二 事事地誇 春風滿院花

良人有刑 再嫁癸未生

五十八又 行之大道 安步驅馳

一百二十

一 二 三 四 五 六 七 八 九

卅八〤 進步且徘徊 東隣鬼現隨

辛〤日 萬事已全休 蟬声斷續暮山頭

壯先去世 屠龍翁命壽元長

師命屌就 註定

卅四千九 風吹荷珠碎又圓 圓之復碎又還圓

卅四三 晦氣當年 一火起三炯

一百三十

一 二 三 の 五 六 ㄨ 八 九

廿二 水滴池塘 魚遊湧躍

六十の三 紅錦披高映曉霞 畫堂富貴足忙誇

卅ㄨ日 天意從人意 春光去復來

五十ㄨ日 長安曙色 景物偏饒

妻命丙午生 註定

口十の九 佳氣葱蘢 人在錦叢中

一百四十

一　五十ㄨ田　遠近暮烟水　明朝續日遊

二　七十の彡　福祿自添　稱慶芳辰

三　廿の彡　得之既易　進退須着意

の　の十、二一　几年奔走利名場　試得歸來未可忘

五　九十ㄨ田　和氣盈庭　陽生春又來

六　夫妻全乙酉　注定姻緣

七

八　廿の彡　一場好事未完全　夢斷佳人隔遠天

九　四子屬金　准數

一百五十

一 二 三 四 五 六 七 八 九

父属虎母属猪　先天註定

卅 乂中
莫在高处贵踏攀　寻枝相悬牵步难

卅 乂中
一夜春风汸消息　庭前草木拔新芽

一千八乂
今日天晴理钓丝　得鱼沽酒绿阳时

玉人有刑　再娶庚子生

百六十

一 數有八子 五子送老

二 十八又 泮水有芹 採之以當茂芽

三

四 利資可求 火燒羊角任遨遊

五 九十、二 大開笑顔 欢娱過日

六

七 卅九の十 際遇乖違 月盈虧又缺

八 廿十ス廿 遇個樵人引路迷 灣頭曲轉杏花溪

九 廿十ス廿 祥光利益 足暢所懐

一百七十

一 二 三 四 五 六 七 八 九

相与上高山 举足盤桓興倚欄

五十四 枯命為亂 數定

卅九 且塞且通 無不有功

六十二 財喜稱心 循環人事

八十四 溪水向東流 潺潺未肯休

兄弟四人 中斷惜離群

四十八 融和天氣 綠楊影裡畫眉声

七十二 欢笑且相親 前堂物色新

廿二 馬踏其蹤 騰云千里

二百八十

一 二 三 の 五 六 七 八 九

號	詩	斷
平の三	鵲噪与鴉鳴	吉处有凶臨
	姑命属牛	数定
五十二	瑞氣隆隆滿画堂	家室相慶福無双
廿十四	出水芙蓉	亭亭直上
の平十四	魚見江城事事宜	黿鼍流水鱖魚肥
卅の三	虚耗不堪言	且前且後几回旋
平十二	行當順境	何事不堪為

一百九十　の十八乂　看水与千山　長途行遠難

一
二　廿一二　日月交蝕　宇宙晦冥冥
三　夫命属水　数定
の　の十一二　前路坦休足　究精山之曲
五　五十八乂　葛藥開时遇好風　欄杆無数錦叢叢
六　五十の彡　时与世合　攸往有利
七　廿乂日　夜走少人欲渡関　驅馳跋涉路艱難
八
九　五十一二　空窗待月　彷彿見叢林

二百零

一　二　三　四　五　六　七　八　九

八十二

卅四九　年華与旧不相同　人物嬉嬉樂意濃

　　　　檢点上林花　千紅萬紫誇

七十四三　父屬蛇母屬龍　先天註定

　　　　為訪武陵春　得個漁郎來問津

廿卅九　旧恨与新愁　蹙蹙在眉頭

卅四三　十分春色遍長安　無數杏花次第看

　　　　姑命屬虎　數定

二百一十

一 二 三 四 五 六 七 八 九

五十二 福又添我　别樣一枝春

数中屬猴者　不是親生子

玉人有刑　再娶庚戌生

廿四三 黄牛渡水　愁容收歛笑顔開

一妻一妻又一妻　数中刑尅不相宜

二百二十

一 二 三 の 五 〤 七 八 九

五千 入田

の千 入开

卅 の〤

棟宇更新

日行中天

夫妻全辛卯

云雨趁紋說

寄養他人

數有偏枯

怙先去世

雙雙燕子生成

江山有象

姻緣註定

氣色飛揚塞滿堂

賴以成立

父当早疾

屬蛇翁命壽元長

二百三十

一　二　三　の　五　六　七　八　九

夫命辛巳生　註定

卅ス日　美人期不至　前後費思量

父命先亡母後亡　終天之恨實堪傷

早步成名蹭蹬多　難成易敗費吟哦

半十ス日　嘗盡艱辛　咀味回甘

廿一二　躑躅勿遑　定計以藏

廿の三　旋得旋失　清閑無一刻

二百四十

一

妻命壬子生
註定姻緣

二

五六之年運已通
興家立業福攸同

三

四 四十歲

勿憂事不同
前途路以通

五 卅不用

東風着意吹噓
生机自然而動

六

七 廿不用

操個小舟
又當風波駭沸

八

父為羊母為馬
先天以定

九 七十不用

南極星臨
瑞氣自多

二百五十

一 二 三 四 五 六 七 八 九

卅二 多恐悲傷 其年少不遂意

卅四 夕陽已見下西樓 數定從今未可留

卅二 求之必得 可與勉之

九十二 暗箭未傷 險路彷徨

八十四 飲酒食肉 天與之福

拮据不休 旺相其子

五十八 前路招呼 吉曜相扶

二百六十

一 二 三 の 五 六 七 八 九

卅六四 の十二 五十の三 七八 卅六四

姑命屬兔
不祿不穡
花朝消息
梅已謝却杏花開
憾怀默々
湯火之危
入泮之年

合數
有衣有食
以振清明
幸有東君作主人
無計可消除
重傷有驚
喜氣洋々

二百七十

一 良人有刑 再嫁庚辰生

二 四十六 事々得和偕 南風拂々满楼台

三

四 五十四 数点雨声 輕風相刮入簾籠

五

六 六十二 疾風迅雨意帰舟 切莫又向他处求

七

八 廿八 千謀百望 西又復東

九 妻命壬辰生 前生注定

二百八十

一 二 三 四 五 六 七 八 九

有調羹之手
父母全戊子
耗入併力

數有六子
妝先去世

夫命甲申生
馬頭帶煞

無掌握之權
數定無差
田宅消磨

四子送老
屬馬翁命壽元長

數定
唾手功名

二百九十

一　閻王関上夜経過　蚕蚕層層有網羅

二　好事却易逢　財源到処同

三　凶神前後成欢　吉曜相扶退散

四　兄弟五人　同父各母生

五　淚洒空山酒一樽　紙銭蝴蝶化灰飛

六　早起夜眠　無休無息

七　根基托厚　可以守成

八

九

三百零

一　二　三　〤　五　〦　〧　八　九

五十二　四十三　廿二　十八　　四十八

文昌祠伴有鷄啼　領过青衫換布衣

故人浸遠別　閑夢嗟何及

舍近圖遠　勞而無功

一溪春水綠差差　魚躍波紋興自宜

數有八子　三子送老

利資所求　求之必得

三百一十

一 二 三 四 五 六 七 八 九

卅八 取非其人 卒彼罵禍

廿四 谿照夜月空 春光掩映中

夫妻宮中有折磨 終朝相罵奈如何

玉入有刑 再娶庚寅生

四十三 年來事不同 星碍有相逢

三百二十

一 二 三 四 五 六 七 八 九

廿の三 曲道推車 難于驅馳

姑命属龍 數定

祖父相遺事業多 今朝破散恨如何

の十八 貴人指引 其年入津

既孤且獨 出家方足

父属猪母属兔 先天註定

廿四 姤雨姤風愁欲絶 花開花落亂翻騰

の十三 陰雨未分明 欲行而且止

三百三十

一 二 三 の 五 六 七 八 九

のナスロ

鵬鳥展翅　尋見扶搖直上

妻命屬火　數定

卅の三

左支右舞　憂煩日多

翁姑不得緣　偏招相姑嫌

廿スロ

春風吹过洛陽城　到處花開錦綉明

平ハ乂

家室康寧　只防此數見無常

外沉之際　傍貴有得

三百四十

一 二 三 の 五 六 七 八 九

七十二 著屐登山 步ミ顛險

十廿九 濛ミ細雨 暗谿晴明

夫妻金辛酉 姻緣註定

卅の三 一夜秋風高 桂子黃甲飄

の十六廿 福特隨人 黃金不求而至

苦志雖窮事未成 不如浮海或為耕

十の三 重見災迴 鬼呵神怨

妻命壬午生 註定姻緣

三百五十

一 二 三 の 五 六 七 八 九

千の三　二千八又　卄八又　卄八又

應當浮子　若隱若現

流螢之光　昨日今朝事不同

一番細雨一番風　風雨江干誰嘯吟

鳥啼花落正愁人

父母同戊辰　先天已定

骨肉無情　六親少靠

三百六十

一 二 三 四 五 六 七 八 九

五千乂口 天与財福 不謀自合

四千二 回頭一望水茫茫 萬里征人憶故鄉

四千二 陰雨連綿 四野皆黑

六千乂口 小往大来 動而不善

姑命屬蛇 合数

廿二 滿门和氣運初隆 謀事多成財自濃

三百七十

一　二　三　四　五　六　七　八　九

母命辛巳生　數定

寒窗寂寞苦勞神　蹇滯淹沉志未伸

卅三　新月一紗窗　依稀漸有光

卅九　恍惚多故　好似行人迷路

良人有刑　再嫁甲戌生

三百八十

一 二 三 の 五 六 㐅 八 九

七十㐅 把酒醉笙歌 春風醉綺羅
卅八㐅 两岸榆楊 清烟新錯綠
夫命庚寅生 註定
卅四九 吊客闹门庭 孝服有相侵
若問家財妻帶来 妻能内助得和偕
五十二 扶桑日出錦宮城 錯認氤氳月東升
の十二 東風吹及草萋々 綠遍郊原色染衣

三百九十

一 二 三 〤 〥 〦 〧 〨 〩

〧十〨〧　五十〧〤　廿卌九

父母全屬犬　註定先天

朝夕無憂　无根亦无苗

陞官星照　恩自九天來

父東子西　如路人之相視

未展鴻翎　泥途未可行

父母全甲子　數定先天

四百零

一　二　三　四　五　六　七　八　九

六千四百三

十二

四千四百三

四千八百七

父属羊母属牛　注定無差

指先去世　剋羊翁命壽元長

不犯官非不見災　田園廣置称人懷

萬事無求　終日得悠悠

父母合甲戌　注定無差

夫妻有磨折　声声啼别奈如何

鼓舞終能　安然納福

四百一十

一 七八 失路之人 東西不知

二 四千四百三 山鷄引得鳳凰歸 業得豐肥家自寧

三 卅四百三 無端百舌枝頭鬧 喚醒春眠人倚樓

四 六千八百 洛陽春色上林花 家道榮華足可誇

五

六 四千四百三 三里修途暗裡行 前途有個點紅灯

七 五千一百二 一場非禍又來臨 鴟鴞毀室有一鷩

八 六千六百八 晴和皎潔 光風霽月

九 五行最重刑傷 八歲未週而剋父

四百二十

一　八十八　家自豐肥福自隆　相逢別處有春風

二　良人有刑　再嫁丙申生

三　九十二　杖橋霜露冷　柱杖力相扶

四　雨嘯兔兒肥　前程事事宜

五　五十四　一朝細雨一朝晴　晴不多時雨又淋

六　母命屬牛　數定先天

七　七十二　寵辱又寵榮　安然能知足

八

九　四十三　貴人提拔　入津流年

四百三十

一			
二	卅四三	造化隨人轉	九鈞變黃金
三		父屬馬母屬龍	先天註定
四	廿八	所以皆合	動用和偕
五			
六	七十四三	綠樹秋陰好	膝下樂悠然
七		妻命庚寅生	數定前生
八			
九	卅四三	僅可彌逢	未能開展

四百四十

一　二　三　の　五　六　七　八　九

九十の三　满园芍薬牡丹花　富貴栄華足可誇

の十八乂　簷前鵲噪月三声　漸捲軽云日色晴

五十二　水遠山長　限于足力

廿〤丹　魚得其水　一躍而遠遊

の十〤日　一声玉笛桓未曲　吹落梅花几番風

五十の三　桃紅柳緑錦叢叢　到处欢呼楽意濃

四百五十

一 二 三 四 五 六 七 八 九

八十四三 陰鬼欺人 常多疾病

先入夫家後結親 姻緣註定不差分

卅八又 駁案不准言 公私損害有勾連

七十四三 眉宇開揚 頻見吉祥

六十六廿 人從運轉 福自相臻

三子屬鼠 數定

長子屬虎 合數

四百六十

一 二 三 の 五 六 七 八 九

七千四百

危坡精通又高山　柱杖相携得往还

二子属虎　合着此数

父属犬母属鼠　先天注定

兄弟六人　合此五刻

六千四百三

断桥之处　曲精可通

卅九

进取奏功　谨守为得

四千九

万里青山指顾中　一鞭直上最高峰

数有六母　数定先天

四百七十

一　五子屬鼠　註定
二　の十二　楊花點點　白雪樓台
三　比孟光之賢　未能多得
の　數有二子　得以送老
五　の十人廾　宿雨夜初收　依稀日影度籬笆
亠　早年成敗未全功　暮景桑榆家業豐
七
八　の十八乂　白虎凶神　尅害以親
九　掙個富貴　不能安逸

四百八十

一　二　三　四　五　六　七　八　九

四千四千九　父母同癸巳　先天註定

廿六百　樂意瀼瀼　春風入戶

牽網得魚　金鱗三尺

卅四千九　時雨沾濡　艸木榮茂

六千三　滌除塵垢　氣爽神安

七千八　片捲烟塵撲面來　長安古道迷離色

三九之年運大通　轟轟烈烈振桥東

四千四三　陽春消息到　積凍漸消除

四百九十 一 二 三 の 五 六 七 八 九

卅の千九 林中鈍影 鶯疑不定

五十八七 水窮山尽小橋通 曲徑推車楊柳風

の十六廿 天哭相侵 有防骨月

父母全居牛 先天註定

五百零

一 二 三 の 五 六 七 八 九

平八乂 十八乂 五十執 十二

艮人有刑 再嫁辛卯生

天氣一番新 陽和樂景明
錦繡叢叢 春夜洞院紅
有個妖人騎隻牛 入门大叫晦未投
父屬猪母屬羊 前生註定
柳色夜正明 遊人多樂意
好向元门理法王 身披金縷与呈章

五百一十

一	廿八	逆水行舟在浅滩	且前且後几回还
二	卅八	忽被牵連詞訟	几被其傷
三		夫妻金丙戌	合數
の	の十ス四	金星南指	攬轡可登車
五	廿二	長江、夜波涛湧	风帆捲却少人绝
六	卆八	再福悠々	万事总無求
七		母命居先	前定
八	の十二	梯高月近	中夜倍光明
九	七十八	三经黄花	偏饒晚節

五百二十

一 二 三 の 五 六 七 八 九

五十、二 春光依旧满江南 柳绿桃红处处生

玉人有刑 再娶巳酉生

五十八乂 日進其財 福祉駢臻

兄弟八人 中断惜离群

乂十八乂 太平無事 日日倘佯

三の 將軍暗箭要傷人 会見三週有一驚

七八 天與十分春色 偏為唯治窈窕

五百三十

一 二 三 四 五 六 七 八 九

廿〤〥 伏尸猖狂 在时之氣相侵

卅〤〥 火烧猪頭 事〻有可憂

叱去妻亦去 避世因出家

七十八又 行人淹滞 莫展眉頭

四十二 大哭过日 好花常開

夫命巳丑生 合數

早孰九 路当平坦 可以緩步

五百四十

一 二 三 四 五 六 七 八 九

卅九 廿 一湾流水逸红尘 懷抱寬舒自有情

七十四 灯花结蕊 喜事頻来

徒弟六人 三人送老

走遍他鄉莫用憂 根基飄泊逐浮萍

卅九 四十 單公騎馬我騎驢 攜手相邀入錦宮

祿馬往来 常多吉慶

七十二 妻命乙丑 合数

五百五十

一 廿二 淋漓夜雨 淹淹晦滯

二 虽無姓字標金榜 定作朝中梁棟材

三 卅二 無端花蘂遭風雨 一陣風來片片飛

四

五 良人有刑 再嫁已未生

六

七

八 卆四三 莫問榮與枯 天时未有求

九 月孛当頭柰若何 頭胎長子總煩憂

五百六十

一 二 三 の 五 六 七 八 九

七十八叉 六十不卅 廿二 六十八叉

玉人有刑
秋成有望
蜘蛛掛于眉上
此歩两番湯餅会
父母仝甲寅
子規啼落西楼月
数中属兎子

再娶戊戌生
萬物收藏
錢財大獲
双双捧出掌中珠
先天巳定
凄声血泪滴咽喉
不是亲生

五百七十

一 卜商哭子 徒喪其明

二 七十二 一年花事一年春 常見東君賀主人

三 有口不能言 前生注定

四 半生勞碌財難聚 晚景方能懷抱寬

五 五十八四 泥馬渡津有個憂 過此其年一網收

六 六十四三 大小安然 福自綿綿

七

八 三子屬土 方合此數

九 七十四三 云水一方 隨遇而作

五百八十

一 二 三 四 五 六 七 八 九

卆、二 積玉堆金 事不求人

夫屬鼠 合數

四十四、、 花飛如雪 到此聞鵑啼

根基托厚 可以能守

為人忠厚慈和 作事老成本分

雷震山間吃一驚 霎時云收太陽明

卆八七 台閣之臣 山林之樂

桃李春開 偏房生子

五百九十

一　二　三　の　五　〤　乂　八　九

〤十入廿　惡曜攻身　須防險厄

真假二子　一子逞乇乇

の十八乂　洛陽春色正芳菲　萬紫千紅景自齊

良人有刑　再嫁戊午生

漢父生涯　冷梗飄萍客

卌八乂　欸上層樓未有梯　不能越步上云衢

六百零

一二三四五六七八九

羊

夫命庚子生
父母全甲辰
春去秋来不得寧
數有偏枯
父母全壬子
父居馬
相夫起家

數定
數定
南枝所有杜鵑声
妻当産病而亡
先天注定
注定
辛勤之婦

六百一十

一　二　三　四　五　六　七　八　九

廿四三　八十七九　七十六四　七十八七　六十六四

富貴由人妻怨夫　少年猛浪擲金錢

以納粟而成名　得後人之继述

父先去世　母後歸泉

一步遠逢双喜快　双双弄璋在貞祥

東裝前去往西行　水遠山遥莫計程

水纏黄道　天轉三陽

舊路陡烔浮　日光相掩映

運際迍邅　東成西折

六百二十 五十入旧 橋折其足 行人有怨
一 客死于外 陰陽之害
二
三 卅入日 狂風一夜捲黃沙 迷沒長安百萬家
の 父母全癸卯 註定參差
五
六 性如烈火 心內憂悲
七 半の三 朝晴暮雨 世道炎涼
八 の十入日 閉戶株守 無端破財
九 白手維持 傍個貴人創業

六百三十

一　二　三　四　五　六　七　八　九

兄弟四人　妻居三

卅八五　宿雨初收　淡月氣浮

父屬鼠　母屬馬

五十四六　事業崢嶸　玉堂之慶

六十八四　崎嶇山路　意外有憂

明鏡塵埃掩却光　馬形牛尾向川藏

四十四六　錦繡成紋　春色十分

懸絲吊頸　高優〻而竃飄

六百四十

一 二 三 四 五 六 七 八 九

早十八　四十八　四十八　四十九　早九　早十二

玉人有刑　再娶已亥生

憂憲煩心却争早　妻財子祿晚年豊

煩心不地　多端之破財 耗

兩阻長途不可行　暖閙窓前鳥声啼

精神大費莫消停　樹木陰濃碎月明

莫道出身非甲第　當為皇室棟梁人

天罗悪曜纏身　难脱白牛之病

吉曜相扶　沽门喜氣

六百五十

一 二 三 四 五 六 七 八 九

真假五子

三四 未知南北

卅四三 十里鶯花取次看

五十一二 卅木萌芽

廿一二 陰氣沖沖定破財

兄弟八人

四十四三 馬化龍駒

送老只二

刑傷骨肉

馬歸遍去安

東風新轉綠

猿歸山嶺有咨嗟

仝父各母生

功名赫赫奕

百六十

一 二 三 四 五 六 七 八 九

卅九 不如随分过 万事总由天

十八 仙子理瑶琴 坚然有好声

廿四 出水芙蓉色色鲜 凉亭披露意悠然

良人有刑 再嫁甲申生

廿四 天然之乐 安享事成

十八 绿阴之下鸟声和 斗酒双柑乐事多

卅二 天意从人 谋之必成

六百七十

十　一　二　三　四　五　六　七　八　九

承天之庇　拜覃恩而光显

六十二

坐向江边钓柳绿　浮鱼沽酒绿杨堤

父属蛇母属羊　数定先天

父母仝乙丑　数定先天

九十六四

云行水流　怡然其境

父命甲戌生　注定

六百八十

一	二	三	四	五	六	七	八	九
	十ㄨ四	卆卆九	七十二	十卄九	卅卆九			四十二
父命乙巳生	吩咐東君好護持	唱羅高歌憶故鄉	朔風飛雪	好鳥春鳴	千里青山水不流	兄弟四人	夫妻全癸巳	紅粧簇錦消長憂

數定

春花剩有兩三枝

子規啼徹斷人腸

高低路义

東風快人

沛然施雨晚涼秋

數應居長

合數

十里方塘半芰荷

六百九十

一　二　三　の　五　六　七　八　九

六十八又　雲歸峻嶺碧天空　光曜逢門日色榮

夫命壬寅　合數

卅八又　得逢知已見相求　從此前程不用憂

七十八丑　謀事慈慈危　一天錦繡映明霞

父母全戊午　數中早定

十八丑　樹淺根搖　大風所折

七百零

九	八	七	六	五	四	三	二	一
四十二		廿四六		十廿九	十八十四	四十八五	六十六十九	
扣门声急是非多	寄路空门有几春	慈利好安排排		宿雨初醒	一葉扁舟赴早澎	玄武焚身	完全一生事	
再見官司病又魔	数当帰族作新人	春風次第開		春花秋月	布帆物掛見江皐	必有財失	工了西方舡	

七百一十

一　十八乂　良人有刑　再嫁辛巳生

陽春太又来　欲進且徘徊

二　十ニ　左右得神扶　限处費经精

三　母命乙亥生　前定

の　五十の三　朦朧淡月　雲去雲来

五

六　十の三　進步安閑　禎祥之慶

七　五十八乂　前途遍逐　举步皆猎

八　数有四子　一子送老

九　午八乂　東边日出西边雨　一朝風變愁無猎

七百二十

一 二 三 四 五 六 七 八 九

廿四 衣食奔波 憂之不足

卒九 是非相侵 憂之如何

毋命甲申生 前生已定

十九 廿九 壹事相逢 鵲噪鳥鳴

廿四 夠得魚失卻夠 半憂半喜在心頭

廿六 一重喜事一重憂 道是無情卻有情

七十二 青山田首处 一片白云飛

母命甲午生 前定

七百三十

五點

一 二 三 の 六 七 八 ス 九

宋叹 毋命居羊 數定先天

斉三 路是羊腸 低回却顧

流年見喜花 便是天台路

玉人有刑 再娶癸巳生

卅卯三 長江如練 人任其行

宋叹 掙得今年運轉通 喜花依旧笑春風

靠妻度日 前生註定

斉二 關山未易過 半点不由人

宋二 運當陽九 利見大人

七百四十

一 二 三 の 五 六 七 八 九

卅乂中 草木中斷 又新顏色

十卄九 諳于事理 枝之皆宜

廿の三 前有凶神挺柔 家有損折之柔

數定原来漁髮 却是光滑齊眉

の十乂中 拂拭塵埃末有時 俄然磨得又皆沉

謝礼浴王 晨鍾暮鼓拜四方

五十乂中 無端披章 反獲其利

四子屬木 數定先天

七百五十

一　二　三　四　五　六　七　八　九

四十二

一　多藝多能　巧手遇合

二　虽云男子面　却是婦人行

三　逢着意中人　相与話旧

四　父母全丙戌　数已先定

五　兄弟四人　數當居末

六　品節祥明德性堅定　事理通達心氣和平

七　機變有权能　中饋辛勤之婦

八

九　怙先去世　屬猴翁命寿元長

七百六十

一　二　三　の　五　六　七　八　九

九十の三
十の三
の十二
八千八乂
四十不日

夫妻全癸未　數中先定
祥云拱堂　一门和氣喜安康
蒼茫一望　观有青山
夫妻全癸卯　注定先天
万緒千端　宝鏡重磨仔細看
悠閑無事納貞祥　几朵黃花秋復香
不足不足　或歌或笑
數有七子　四子送老

七百七十

一 二 三 四 五 六 七 八 九

〤十〢 陷泥沙中 難于起步

十〤〥〤 南山棲鳥 北山張網

辛苦勤儉 家業穩足

數有偏枯 妻當產後而亡

〤十〦〤 手扳弱柳 未可着力

父母全辛卯 註定先天

〤十〦〤 祇福無常 人事有變

七百八十

一

二 廿乂口
翁属牛
貼属猴

三 卆の彡
長夜貪消停
頃刻出日色

の 廿の彡
幸有吉星臨
臨危我不侵

五 卆乂口
掙過崎嶇坦道途
安然前進見華峯

六
雲開五色
喜事相逢

七

八
母命属鼠
註定

九 十卄九
时当年華三月春
紅紅綠綠快人心

七百九十

一　五十六四　天喜臨垣　應當得子

二　廿二　操持在我　得而又失

三　卅又八　去路無憂　駕馳駟車

四

五　夫妻全丁卯　註定

六　平四三　不測之淵　渴人浮摯

七　五十二　爵祿高逢惡曜多　馬頭持劍問征夫

八　四十六四　運限平安　家人歡聚

九　父屬羊　母屬鼠

八百零

Number	Annotation	Text
零		父命戊辰生　前定
一	廿九 卅九	山水險阻　黃金有耗
二	十 石四	紅梅開柳又青　行去前途未稱心
三		父屬雞　母屬豬
四	廿 六四	言多特地尋　一見怒生嗔
五		
六		
七	廿 八X	前步可揚眉　春風鳥促催
八		
九		母命屬羊　合數

八百一十

一 二 三 の 五 六 七 八 九

七八 燭影有風光動搖

若明若暗夜迢迢

兄弟九人

前定惜离群

九八十九 昏黑之中

鬼現其形

廿五十 妄意去鉤魚

費时失事甚堪虞

十廿九 煩悶頗多

芳草菲蕪

七十の六 防提突積

莫道陰陽遂流

八百二十

一 二 三 四 五 六 七 八 九

廿四三
卒八七
廿四三
廿六四
卒六四
四卒九
卒二

一事分明未有成 綠陰深处水凝冰
青凉破炎热 我转今为福
花铺锦绣 春色芳菲
应当浮子 春光依旧到门庭
独守漫嗟呀
数有偏枯 本身带疾
遂意向我财 财自逐人来
成之复败又还成 東奔西走未安寧

八百三十

一　五十〤三　硬命推人方共老　月中丹桂晚飄香

二　六十〨〤　六馬盤旋不用心　平波之处總無倫

三　廿二　大路不通　鑒之有功

四　七十〨〤　一日晴明一日陰　吉凶未定有憂心

五　九十〤三　財源倍足　笑歌滿屋

六　九十〨〤　清風明月　取不禁而用不竭

七

八　妻大一年　注定姻緣

九　十二　風光好遨遊　花開水月明

八百四十

妻命屬猪　前定

一　十八七　柳媚花嬌天色晴　雕鞍玉勒慢停停

二　五千八四　犬坐屋工　主人閥極

三　夫命辛未生　前定

四

五　四十八乂　日色陽和　眼前新景

六　卅八乂　前番費力枉徒勞　後運當逢大有年

七　廿四三　月缺未圓　漸覺清映

八　良人有刑　再緣丁未生

九　廿四三　行人底事忙　且緩且盤旋

八百五十

一 二 三 四 五 六 七 八 九

五千八乂 眉蹙恨無端 東風嘹哨寒

廿八乂 財利可求 未得招搖

卅ス千 進退兩难 我患重疊

廿卅九 芦牙初見 指日成竿

初年財盡亨榮華 中運家未事事差

八千の三 夢到高堂事事非 蟬声斷續夕陽西

卅ス千 南浦暗飛烔 楊柳迷青色

父屬兔 母屬犬

八百平

一	二	三	の	五	六	七	八	九
五千八七	五千九五		八千二		卅の三	の千八七		平八七
內外冗棄	知心相負		夜半鬼敲門	玉人有刑	經年須漫り	屈指夕陽去	四子屬坎	日烘霞照
戎隨踵至	暗地干戈		突戎替相尋	再娶甲寅生	須防險石頭	明月又東昇	前定	滿眼祥光

八百七十

七十九年
寒食杏花春　繁華似錦屏

一　翁屬蛇　姑屬馬

二　土木之年　應當出仕

三

四　夫妻不是明媒　先通後娶

五

五十八
六　得子之慶

七　翁屬蛇　姑屬羊

八　夫命丁酉生　數定

九　得一枝藝可聊生　勝似顛連俯仰人

八百八十 卯の三 冨比陶朱 受其介福

一

二 廿二 依稀日影弄晴光 到处春花次第來

三 父母仝丙申 証定

の 卅の三 相度蚕叢路 秦関百重〻

五 失土遇流年 入津定其真

六 四十四 千里問以藏 岐路正蒼范

七

八 卯十四 以来蜀道难 縢纒呈绮攀

九 卯十八 守冨不尋常 燕泥御得紫玄來

八百九十

一 二 三 の 五 六 七 八 九

逢個貴人　掙得黃金

の十ス丑　轟雷掣電響　云汲見光

丑十一二　今事日平安　大小俱叶吉

廿ス丑　千重与萬重　纔然坐上最高峰

父母仝辛巳　前巳註定

卅ス丑　渡那一葉扁舟　得濟便坐被岸

の十ス丑　四顧躊躇　未伸其志

九百零

一 父屬龍母屬猪 前定

二 一脈書香斷復連 秋風羊角姓名傳

三 數中屬鷄者 不是菜生子

四 命犯孤辰寡有刑 一朝披剃入空门

五 十二 天災相侵 虽有病而無憂

六 内室助我財錢 得其財而富厚

七 卒時 福禄隨還 恩自九天来

八

九

九百一十

一 二 三 四 五 六 七 八 九

辛八乂 の十、二 卅八乂 の十乂丑

梨花片片白云飛　細雨霏霏泪湿衣

整頓帆檣　順流而下

父母全壬寅　早定先天

小事乖張戕釀成　強人無併苦為情

春去又復秋　財源利可求

良人有刑　再嫁庚子生

九百二十

一 二 三 四 五 六 七 八 九

卅二 防險流年 謀事無成又費錢

卅八七 連科甲第 特冠群英

妻命屬牛 前定

卅八七 苦雨連宵今日晴 一鞭直指馬歸程

卒四三 千里征人已渡関 一封書信报平安

卒八七 白石庭前一樹梅 春風飄飄苦相吹

午午九 大運循環 無不遂意

九百三十

一　二　三　四　五　六　七　八　九

五十四三　小人有潛謀　構我相催陷

卅九四十　作事乖張　東傾西倒

早年晚景皆榮茂　惟有中年運不通

卅八又　黃鳥穿梭織浮愁　三春花柳慢相求

五十四三　浮杖相扶　支持十里之途

七十六五　時來百事宜　克享安寧

父屬雞　母屬犬

九百四十

一 二 三 の 五 六 七 八 九

夫命屬金　前定

卅九 卅の十　半天云起　大冑沉吟

卅の八　福神扶救　虽險無危

卅の十　蹇足踏泥沙　欺進步难加

卅の三　兎以吃尽窩边草　秋風云夜添煩惱

卅の十二　鳳宿戒行程　只早車拚輪

廿の三　秋草蕭蕪　嚴霜推拚

父母全丁酉　注定

九百五十

一	の十八乂	聚散無常	貴人接引
二	半の彡	晨昏嗟嘆食無魚	好去江頭學釣竿
三		良人有刑	再嫁癸丑生
の	廿一二	秋荷嫩出水	直上綠參差
五	卅八乂	際会掩沉未可言	煩惱日〻悶憂〻
六	半八乂	春風时至	欣暢人懷
七		数有九子	三子送老
八			
九	半の彡	陽和初動	萬物回春

九百六十

一 二 三 四 五 六 七 八 九

六千九 福祿有餘 欣樂無憂

九千十二 一團和氣靄陽春 家室康寧物色新

六千八 惆悵頻多 秋風苦雨恨如何

妻命屬雞 注定

卅 不四 錯走前途二十程 精來疲倦得安寧

玉人有刑 再娶壬辰生

夫命辛酉生 數定

九百七十

一 二 三 四 五 六 七 八 九

四十四三
卅九四十九
七十八

天意從人願 求得相感通
良人有刑 再嫁壬辰生
春風漸入戶 木欣一向榮
黃昏獨自促長征 月色依稀近五更
數有不幸 妻當死于非命
徒弟四人 一人送老

九百八十

一　二　三　の　五　六　七　八　九

の十九 の十九
七十二
六十二
の十二
の十の三

緩步青雲　青雲直上霄漢
四顧寂無雲　秋陰水自清
數逢一缺　廻廻其年有念春
以妥為妻　數中定哉
長年患阻今消釋　江上已換新顏色
春日漸融融　草木遍生新綠地
謎法相扶　官職高曜

九百九十

一 二 三 の 五 六 七 八 九

七十九 寂然無事 家室康寧

辛十二 早歲艱辛運未興 生涯無業學耕耘

卅四 強良刼杀逼人来 小事变成大戕肢

时運未通 斟酌無功

兄弟四人 数應居二

辛十八 遠近依依拂自情 好花时候近清明

七十二 应当得子

の十八 断雲残雨 晚霞開郎

四子屬蛇 數定

坎數

四千零	廿〇三	幾枝新柳	将来嫩色綻黄金
一	〇千〇三	淂人相傍過危橋	轉折山坡有酒標
二		自成还自立	真不愧鬚眉
三	〇千八七	晴和好景	遊人樂意
四	廿卅九	生計蕭條	支持着力
五	廿卅九	風吹梧葉	新夢和安
六	〇千〇三	天突星照根長征	持逆無心脢欲侵
七	〇千〤十	瑞氣發嘉祥	家门欢咲
八	〇千八乂	路當坦道	安車前往
九		賢良每峯梁鴻案	淋德廿操原憲貧

一十

一 二 三 の 五 六 七 八 九

卄の三 上苑杏花紅 長安佳氣鬱葱葱

〆十八 隔江風雨起秋陰 粧閣輕寒費苦吟

卅二 悠悠颺颺 柳花粧點輕模樣

の十三 車當棧道費驅馳 千里征人費所思

の十六二 恰逢知己 引入大道

夫命丁未生 數定

卅二 今日東兮明日西 東西躑躅漫無依

良人有刑 再嫁壬申生

卒の三 青龍照耀 瑞氣溢門闌

一 二 三 の 五 六 乄 八 九

卅の三 駿馬又加鞭

一路征帆惟順風

五行冢重是刑傷

六十乄五 今年春勝旧年春

廿乄五 明霞紫焰

六十乄五 斬尽葛藤还未尽

妻命丁卯生

卅九の十 叔杀相逢

千里去超騰

轉頭風逆阻朦朧

一歲方週尅父亡

兩岸垂楊遮綠陰

滿堂焰耀榮華

道當利坦反生驚

先天已定

斃于鋒下

三十

一	二	三	四	五	六	七	八	九
四十六	廿二	卅八				廿八	卅八	五十四
兄弟五人	順水行舟	人坐春風中	秋風撲面怯依稀	良人有刑	金水之年	險步相逢	躭于酒中	渡橋崎嶇見坦夷
中断惜鳥羣	関隘之阻	其楽也融融	欲轉春回且待時	又憂再遂	秋園得意	早暮焦勞	自迷于東	安然前往可行車

四十

一	二	三	の	五	六	七	八	九
卅〤〤			廿八〤	卅〤〤	廿〤三			四十四十九
不假推移	数有十二子	根基托厚享榮華	水流花落	燕子于飛春正長	月在水中			細雨动窓不可听
寬然進步	七子送老	一世安然自可誇	春色瑚珊	啣泥必壘旧雕梁	可玩而不可淂			俄然知己正臨门

五十

	十八乂	運之未來	履之皆錯
一	〤十千九	数該得子	
二	廿〤三	解神切莫敲凶神	耗却資財又費心
三	〤十八乂	逢取好施張	貴人接引得眉揚
〤	廿二	紅日初升	江山大明
五		玉人有刑	再娶乙天生
〦	〨十〤三	瑞氣融融	景象非常之日
七		夫婦(妻)相得	諸老之慶
八		父屬兔	母屬鼠
九	〤十千九	南苑枯枝	後發其榮

六十

一 二 三 の 五 六 七 八 九

- 一脉相承 喜見双胎
- 卅六四 朱雀啣符 勾引是非多
- 分有嫡母 生我庶母
- 六千二 年来事通 枯枝槁木尽數榮
- 一千六四 凬吹水面 旋繞波紋
- 夫妻同甲子 數定
- 六千八七 赤兎黑鳥 事事蹉跎

七十

一 卅八 鳳儀于庭 慶咐休徵

妻大十七年 前定

二

三

四 徒弟五人 二人送老

五 廿四 人事渴從容 謀之便有功

六 辛卯 中天日色捲飛雲 旋轉樓台忽有陰

七 五十二 簷前喜鵲 曉樓新晴

八 妻命辛酉生 定數

九 卅四 秋風所鹿鳴 旋轉馬蹄輕

八十

一	卅八又	遺腹所生	乃父青容之瑞
二	卅八又	狂風飛沙	掩蔽天日
三	卅八又	雨打楊花滾颺球	漫漫飛舞上高樓
の			
五	口十八又	鳥步飲啄	自得其時
六		夫命歸木	合數
七	八十二	到老更精神	钁鑠步前行
八	の十八又	一輪明月透疎林	万里乾坤爽氣生
九		數有又子	一子送老

九十

一	五千六二	破財又得子	小耗不須猜
二	十不四	數該得子	
三		夫命屬犬	數定
四		依傍他人未有成	勞々祿々苛聊生
五	四十四三	春光去又來	花竟及时開
六		未滿二旬	先喪嚴親
七	卅八七	梨花夫帶柳花飛	白雪漫々愁着衣
八			
九	廿四三	高掛征帆得順風	飛來飛（去）到江東

數	註	上	下
百零		桂花萱卅得長年	仰托餘蔭慶自然
一	卅二	東指西傾	恰如所求
二	卅九甲	骨肉當年應有刑	杜鵑啼血不堪聞
三		金榜題名獨占先	杏花十里馬加鞭
の		夫妻全已未	數定
五		吉凶禍福早先知	一氣循环算不移
六	甲の三	大展笑顏	事業勝当年
七	卅八又	駒使傳消息	梅花已报春
八	の甲知	花開勝去年	鋪遍在庭前
九		五人有刑	再續庚午生

一百一十

一 二 三 の 五 六 七 八 九

廿九
卅九

清風明月　人情舒暢

出外真益　來往他州

卅八

水遠山長　舟車未倫

夫命戊戌生　註定

妻命土水者　合數

卅四

黑雲四起忽聞雷　轉眼黃昏日色隨

の十二

昨夜山陰道上來　梅花十里護樓台

真假之子　得以送老

一百二十

一 当有三毋之称 数定

二 烟缘当有跷蹊 不是明媒正妻

三

の 妻命金木者 合数

五 廿二 数当得子

六 卅二 人事従容福自生 無心插柳々成蔭

七 の十九十 根深蒂固 創業無数

八

九 五十四 春光在目 昔日不開懷

一百三十

一 二 三 四 五 六 七 八 九

良人有刑　再嫁癸巳生

卅秋
昨夜花亭踏雪歸　刲釵雲彥泪沾衣

廿十二
花錦襯雕鞍　三月春光足

四十八
月之既望　清光精血人情曠

數有三子　得以送老

卅秋
一喜一憂　牛尾馬頭

一百四十

一　廿八乂　迷了窮途　得手路通
二　七十二　暗不暗兮明不明　朦〻九点是空〻星
の十孑九　及早從事　得以康寧
三　孑の彡　得之易而失不难　黄昏九度过江淮
四　翁姓全屬鼠　合散
五　平十又丹　積有錢財　逢〻勃起
六　吉曜在官祿　公门偏無福
七　卅又丹　晦氣淹沉　灾毒漸至
八　父屬猪　母屬牛
九　卅二　運逢空　錢財入手便消融

一百五十

一		深夜黃菊	晚景堆花
二	卅八乂	五雲又上華堂明	滿目横波錦綉紋
三		父命属蛇	數定
の			
五	卆十二	新月正如鈎	雲開晚霞收
六	卆軌九	運遇亨通	卅未遇春自不同
七	の十八乂	月美晴光	卅木葱〻精色
八		夫命戊申生	註定
九	七十卆軌九	浪淨風恬	安舒穩渡

一百六十

一　六十十九　崎嶇之處漫推車　坐看東風真已除

二　六十四三　时雨沾濡　豐年之慶

三　卅二　弄巧反成拙　不如獨守待时來

四　父属鬼　母属牛

五　廿又日　终日愁眉　愁眉難解

六　妻命丙子生　前定

七　廿卅九　荷珠遇曉風　團碎渾莫定

八　廿四三　步履無防　秋月春光正好遊

九

一百七十

一　〥千〇十九　人在中途　飄來風雨

二　〇千〥〣　久雨方晴　江山新色

三　〥千〇十九　知己相遇　足慰愁煩

四　〇千〤〇　是非日有增　貪花破耗要留神

五　〤千〥〣　飽食煖衣　莫求安樂

六　〢千〢　笛捲東風入畫堂　飛來飛去燕泥忙

七　玉人有刑　再室丁未生

八　〥千〥〣　瑞氣護蘭房　蘭房春正長

九　〇千〨〤　生涯寂寂淒涼　春日園林花木忙

百八十

一　心意好施捨　常種諸善緣

二　廿四三　好夢醒來忙　應有弄璋祥

三　四千四三　安長度日　有福不知

四　卅八七　暗中摸着隙孔　將見一天星斗

五　師命屬蛇　早定先天

六　命不聚財　偏能浪費

七　卅八七　科名是顯　独占文場

八　一枝三匯（陌）恨世棲　飛向東來又復西

九　父屬鼠　母屬牛

一百九十

一 二 三 四 五 六 七 八 九

罕叔 罕叔 卄〤 卅〤 卅〥

數中屬馬者 不是親生子

好花落枝 歸放及時

年未折挫恨無憑 一夢東風春氣路

兄弟九人 同父不同母

消有嫌疑好訟多 公平結局總無差

心倆性狂 成痴顛癇疾

朝耕暮織 勤儉起家

晁伏床頭何用憂 其年憂悔每于仇

鼓盆之戚 比莊子之刑剋

二百零

一 二 三 四 五 六 七 八 九

卅の三 廿八乂

恨内殊甚
漁舟生計
痲而非疾
千里從軍奈若何
著意力田
東風解凍
數有八子

性柔不剛
行險風波
皆因前定
高山流水雨浮沉
当期豐足
花木及時榮
三子送老

二百一十　廿ニ　月上欄干夜影移　陰風陣陣若相期

一　卅ハ乂　水中乾影　見之有疑

二　卅スロ　一行造化已回春　万里乾坤景色新

三　卅の三　守過當年　桂花漸發

の　夫大二十四年前定

五　卅ハ乂　從容暇豫之時　諸事湊巧

六　廿の三　月有盈虧　成而又敗

七　の卆九　韶華新景　足暢所懷

八

九

二百二十

一 六十六九 蟬声斷續送行人 一去無回莫計程

二 兄弟五人 樂奏几般音

三 六十二 宝鏡塵埃滿 昏沉影依稀

四 卅二 門閑寬鳥在林中 柳暗花明趁午風

五 廿五 醉而不醉 顛倒費尋思

六 四十二 喪服未臨 骨肉相刑

七 卅五 貴人攜手引高樓 艸木榮華望裏休

八 四十四三 隨取隨吉 安閑之福

九 廿二 淺水負龍舟 大貴躊躇力

二百三十

一 四十八 登岸已造其極　滿收春色
二 甲戌之年　名声高唱
三 卅歲 手揮目送　指点如意
四 妻命癸亥生　前生已定
五 一目喪其明　前生之事
六 父属鷄　母属羊
七 四十歲 大往小来　突生于手
八 数有二子　一手送老
九

二百四十

一 廿卅九 魚入網中 網漏縱壑

二 父屬龍 母屬兔

三 父母全戊申 俱定

四 卅四三 扁舟一葉半江風 頃刻瀟瀟烟雨濃

五 妻命已亥生 註定

六 卅四三 啾唧之悔 流年欠安

七 四十四三 蛇盤有毒 撓之傷人

八

九 五十五十九 吉慶重來 家門納福

二百五十　の十八乂　色云叠見　不淹皎月之光

一

二　卅二　春風几度斷人腸　湿却罗衣泪几行

三　廿八乂　緩步同行福自從　室中有吉須防冲

四　平の三　安如盤石　一任強梁經過

五　の千ス口　戰馬含風　雄心便轉

六　平千ス口　上下無求　且歌且舞

七　早十二　鳥棲高枝上　不煩飲啄之勞

八　五千九平千　一往直前　廊然莫阻

九　良人有刑　再嫁癸卯生

二百六十

一 〥千〥〣 朔風飛雪 白鬧江山

二 〣千〨〤 歸舟空載惟明月 枉費精神日夜忙

三 〦千〢 貴人一見便相親 前門楡柳後門陰

の 〣千〧〇 寃仇紛紛 擾擾不寧

五 丁卯之年 青雲得露

六 〥千〦〸〩 午潮落盡子潮生 兩岸滄茫海國平

七 母命屬猪 註定

八 〥千〥〣 官事相逼 心事難識

九 〦千〥〣 昔年千般用 今朝萬事休

二百七十

一 二 三 の 五 六 七 八 九

の千の三 風息行舟 依旧陽和日暖

夫大二十六歲 前定

卅八乂 行來事未濟 春色艸萋萋

出胎便剋母 継母宸相依

廿九の千九 名園風雨夜零落 欲渡江河欠扁舟

卅二 初放芙蓉色最鮮 秋江点映極天然

卅の三 迷离烟雨 進步且遲

二百八十

一 二 三 の 五 六 七 八 九

一　廿二　江闊波浪穩　欲渡恨無舡

二　卆の三　快然無边　秋月春花福自然

三　卅二　樂意更多欢　时逢日日安

の　卆四　突星進宮　世情恨若何

五　夫妻反目　乖离之象

八　双手成家　後有黄金满屋

九　九十二　恩曜相扶　福自随人

二百九十

一		父母全癸酉	前生已定
二		父母全居馬	数定先天
三	廿知	無往不亨通	门庭喜氣隆
四		妻命辛亥生	前生註定
五			
六		兄弟怡怡	绝無猜疑
七		早歲淹沉	中期大發
八		早暮經營	家屋溫飽
九	六十二	大限已絕	閻律承決

三百零

一 [illegible] 智者相逢逢者尊 一生不足小人憎

二 [illegible] 曲曲山間路已通 行人及早趁東風

三 危將為安 向利偏餘几

四 夫妻同已丑 前已早定

五 [illegible] 搔首向青天 人事得週全

六 [illegible] 突復有突 心神俱敗

七 [illegible] 胸中憂悶已潛消 際遇相逢湊巧高

八 [illegible] 多少勞心事 由意化為塵

九 辛酉之年 科名高顯

三百一十　廿の三　兎伏泥中　予意不同

一　刑剋不相宜　未曾出嫁偏傷夫

二　の十の三　出门最活計　活計水边地

三　廿卅九　一步高来一步低　高低之处有憂疑

の　廿ㄨ口　六合偏相得　春風到处情多奢

五　丹十ㄨ口　老博一第　不往少年辛苦

六　六十の三　促裝别去往西行　水遠山遥莫計程

七　十廿九　求之得之　頗安其身

八

九　の十卄三　门庭寂寞轉興隆　東北西南路已通

三百二十

一	卌九 卌の十	不遇而自遇	攸往自此通
二		亲戚多招怨	朋友多相托
三	廿八又	常咲欢呼渡貴華	春服綫罗叐服紗
の	六十九	危槁行膳馬	君当仔细过
五	七十八又	謝却世情	逍遥世外
六	六十八又	所以逆境	憂云復病
七		父命甲寅生	数定
八	七十八又	貞祥疊見	昔日不淀容
九	廿四	江鱼出反在波涛	冲风擊浪而过潮

三百三十　卅二　一人当閫　受其阻厄

一

二　四十二　富厚業求　也戚骨頭

三　妻命屬弗　註定

四　卅九　如問海棠花　昨夜開多少

五　守其成業　積少而殷實

六　廿八　汪洋之水伏神龍　家室康寧業自豐

七

八　父母全癸亥　數定

九　庚申之年　名當顯耀

三百四十

一 二 三 四 五 六 七 八 九

九十八歲

一点流螢引路光　循〻而走向り藏

父母同屬鬼　数定

廿不丹

劳〻碌〻苦奔馳　究竟奔馳名利寇

父母全癸丑　先天已定

鳳棲梟上　須憂其耗

辛四三

良人有刑　再嫁巳酉生

師命屬羊　先天註定

三百五十

一	卅八〤	父屬火母屬土	此刻方准
二	〦千〤〥	黃昏細雨濕柴扉	清早晴明聽鳥啼
三	〥千〥千九	芳草遍郊原	喜色上眉梢
四	〨千〇〣	唱罷离声別故鄉	子規啼出斷人腸
五		蛩声四壁	凄涼之極
六	〥千〤〥	盤蛇草中	其年口舌
七		己酉之年	名当高薦
八			
九	〇千〢	費心之談	他人勾引其禍

三百六十

一　二　三　四　五　六　七　八　九

四千八四　卅八七　廿八四　六千一三　六千一二

入贅他家
再奉他家之祀

梨花開處
白玉遍山庄

五行衆重是刑傷
一歲方週先喪母

鳥宿丘隅
得其所止

酣夢既醒
神清氣爽

煖氣融融
朝歡暮樂

東君律呂換年華
次第開時有好花

三百七十

長子居甯　數定

一　四十四三　求田問舍　家事豐隆

二　四十四三　兎符引禍　鬼計呼遣

三　一夫西去又一夫　命中刑剋奈如何

四　事大三年　數定

五　廿三　費力勞心　總成画餅

六　廿三　意氣揚揚　名利兩强

七　廿三　莫言切遠荊棘　須防綿中有暗針

八

九　子当出家　合數

三百八十

一 二 三 四 五 六 七 八 九

卒加 祥光映照画堂明 錦綉鋪張物色新

廿卅八 出谷黄鳥 遷于喬木

丙子之年 秋闈名達

廿四三 福自隆兮祿自增 安然稱慶度芳辰

廿四三 蚌頭枝上有明珠 車馬喧闐過九峰

父屬龍 母屬鼠

孚二 順水几舟 輕風相送

卒加 艷激人情暖更寒 遭逢歷盡兩眉攢

三百九十

一 二 三 四 五 六 七 八 九

七千九 梔李暖春風 扶疎綠陰叢

四千九 先燦有黃金 苦心遇主人

數有三子 二子送老

七千四三 名花開處錦裝成 照耀樓台物色新

五千八五 畫堂雕梁春色新 主人歌酒日優遊

廿四三 數該得子

木土之年 理宜出仕

四百零

一 二 三 の 五 六 七 八 九

廿の三　　の千不日　　卅二

未聯琴瑟好　先唱鼓盆歌

一切有情皆受用　均沾染利得相從

圖名又圖利　名利兩相成

祖業消磨再創　園林秋色春花

不道官非鬼怪多　消磨事業費吟哦

五子丙雞　數中註定

大限当年　难逃绝数

四百一十

一 壯歲蹉跎 虎臥山岡灾難多

二 三子屬龍 前定

三

四十三四 路不迷津坦蕩行 村庄别处有指寻

五 廿〤十 盃中蛇影 恍惚驚疑

六 廿二 不作山樵不作漁 何須嗟嘆食無魚

七 四十三 登臨高处 一跌足難收

八 卅四十九 舒眉暢悰 縱横如意

九 四十四十九 所謀如意 豊年大熟

四百二十

一 入公门而谋策 得上貴之相依
二 卅ス口 流年不用憂 春过又逢秋
三
の 宿ル飧食風 辛勤似老農
五 多藝多能 十無一就
六 夫命已酉生 數定
七 廿ス口 奔走艰心总是宜 從朝至暮強支持
八 辛卒九 流年坎坷 公私交錯
九 廿の三 水中月色 可玩难拿

四百三十　卅二　株守有餘　事業要崇
一　癸未之年　名姓高揚
二　不近人情性偏执　到处相逢莫不識
三　十卅九　花鳥春風日　賞心樂意时
四　卅四三　有意花偏卸　黄心柳作陰
五　熟讀詩書可向名　少年国学列諸先
六　子丑會看連捷　魁星高耀其年
七　父母全丁丑　前生早定
八
九

四百四十

一		夫大十年	前定
二		縱有遠大事業	半生損耗消磨
三			
四(の)	卅四三	大舟行淺水	多少費推移
五	卒四六	閑門不与外事	悮被他人干涉
六		父命屬猪	數定
七	卅八七	屏頭帶劍有官非	不是官非鬼魅欺
八		父母仝丁亥	前定
九	卅四三	安樂度流年	從容福自然

四百五十

一　卅五　灯花结蕊喜臨門　把身交坐遇貴人

二　數有屬兔者　不是親生子

三

四

五　卅六　東有田園西有莊　一朝事業半更迁

六　父屬鼠母屬兔　數定

七　官帶相逢　必有過嗣之子

八　卅八　有福不絕　動而見尤

九　卅九　時可以為　乘其運至

四百六十

一 二 三 四 五 六 七 八 九

四千九十九 堅冰凝結處 暖氣漸消融
父屬羊 母屬雞
八千六百 莫辺春色 收入笑顏中
卅八百 顛沛已為灾 官非又逼來
廿二 運厄未亨 履之皆錯
廿六百 人來遇合最堪誇 東風一似舊相識
十八百 行着水利處 指日見渠成
四千八百 紫氣洋(揚)之 會見起赶之賀

四百七十

一	卅 六卅	運際高強	圖謀順利
二	七八	妻命戌子生	前定
三		花蕊黄紅	不榮而榮
四	六十 八七	春光以足	歌酒為欢
五	四十 七十九	俯仰無愧	安然快樂
六	廿二	吉神解赦	西來為殃
七		跛其足	昔日之根
八	六十 七十九	虽是浮云遮日色	俄然一陣風捲出
九		徒弟三人	得以送老

四百八十

一 珠藏兔穴之中 遇已勝達

二 七十二 文章低價兮非昔 顛倒蹉跎名未成

三 樂亦無憂 常享和平之福

四 椿萱榮茂樂長年 仰托餘蔭慶自然

五 夫妻同庚寅 註定

六 九十八又 春光盡氣 歌酒為樂

七 六十八四 家室康寧 饒餘金玉

八 卅二 霜飛死危 粧閣增寒

九 卅四九 數該得子

四百九十

十 一 二 三 の 五 六 七 八 九

十廿九 亭午坐春風

廿の三 濃霜欺嫩艸

卒廿 欲向帰程日

早二 生計得有餘

卅二 名著当時

名花錦綉叢

頃刻見朝陽

鷄鳴劝客回

朝暮育安舒

文章显達

五百零

一	の千九	近晚間鷄巳渡関	行人千里一朝逕
二	卅九 卅の千	秦晉構好	两国相和
三		父喪他鄉	前生註定
の	の千叉八	無破又無傷	恬〻發重豐
五		命受其亨	終身安逸
六	卅十二	殘岩下听猿啼	無限青山促遠征
七		夫大二年	前定
八	七十の三	際遇相逢奇自来	無边光景好安排
九	卅二	天意拂人心	名利月無憑
		母先辭世	父後歸泉

五百一十

一 五千〤中 柔岸垂柳 樹老漫漫柳絮飛

二 卅二 一番細雨一番風 别樣江边生大浪

三 卅の三 步步要週全 悞入羊腸路

四 卅八乂 半边風浪息 扁舟穩渡江

五 乂十の三 毀毀壞壞 安康庇祐

六 の十〤口 福從意外來 東西南北得錢財

七

八 十卅九 應当得子

九 の十八乂 方塘活水 春光三月碧滔滔

五百二十　卅四　馬頭初見太陽昇　左右求謀事事成

一　四千五百四十　相安相樂好光陰　不用謀爲福自增

二　七千五百四十　慶云星耀　和氣盈庭

三　父屬猪　母屬鼠

四　四千卆九　風捲浮云　遠近青山新轉色

五　四千八七　出入整頓　良辰美景

六　四千四三　旅行人處　得其資金

七　六千六二　人事可相求　春光順水流

五百三十

一 二 三 四 五 六 七 八 九

四十四年 陰雨綿綿 眉蹙不開顏

母命屬猴 合散

卌六年 意外之財 不求而至

用行以砥馬歸輕 指日安[長]向姓名

五十六年 村村佈滿綠楊時 陰處可消停

父屬豬 母屬兔

五百四十

一 二 三 四 五 六 七 八 九

十六五

喪服及身　禍及底親

豹尾惡星臨　千里追ㄷ去充軍

師屬猴　註定先天

五十二

淮陰埭下釣魚翁　一飯千金事不全

葉大二十年　前定

六十四

山溪曲轄　引入桃园仙境

四十二

机会相親　大有吉慶

六十八

实禍不生　室家和平

卅八

蕩樣荷珠　圓而復碎

五百五十

一　二　三　の　五　六　七　八　九

兄弟五人　數該居末
父母全戊戌　合數
五人有刑　再娶丙戌生
六十又千九
梟巳忘憂　家能知足
卅四千九
灾禍維侵　遇吉星而轉福
師命屬馬　先天已定
二子屬羊　合數
三子屬火　准數

五百六十

一 二 三 四 五 六 七 八 九

二千一二
五千四三
四千四三
六千八百

身入空门孔法王　一生無主意徬徨
霜寞粧台曉生寒　朦朧月色度欄杆
父命先亡母後亡　先天註定不差分
風雨無憑　零落梅花亂飛
前山捐頂中　高低樹木鬱葱葱
徹其壘木　任其往來
偎紅倚翠閣　日日醉春風
父屬火母屬金　妻屬土

五百七十

一	十二	枝崇葉茂	東風之力
二		功名別利必成	中歲未必遂志
三		貴甲待宣	卯辰年必定連捷
四	卆八	今朝守得出頭時	家業完全樂意舒
五			
六	卅八	見机勇退	不被恥辱
七	四十四	咫尺江工千里遥	相思梧葉路遥遥
八			
九	四十二	鳳捲荷珠	圓而復碎

五百八十

一 二 三 〤 五 〦 〧 八 九

〤十二
〤十八〧

貴人相携
楊花作雪舞空中
玉人有刑

力不能勝
点点飛来錦作織
再娶丁酉生

〤十八〧
〥十八〧
〥十八〧

兄弟二人
圖謀湊合
刻漏三更夜未央
事事可求

樂奏几般音
財源勃勃
子規啼血斷人腸
求之必得

五百九十

	一	二	三	四	五	六	七	八	九
			乄十乂口	九十〩九	十の三	廿ル乂		の十の三	口十乂口
父属猴		夫命壬寅生	寐寞夜更長	賍風拂拂	吉曜相扶	花正芳菲	夫妻全壬寅	行人歧路入迷津	緩步徐行
母属牛		前定	疎星殘月助凄凉	吹入画堂	平安之喜	几点疎星細雨	前定	得個未人指点時	步步亨通

六百零

一　二　三　四　五　六　七　八　九

一世安然　常多吉慶

五十二　天氣光艷　日月清明

五十八　羊腸路上几盤旋　精过危坡定坦然

徒弟二人　送老一双

七十二　人事得其常　天时得其順

懨〻病有子　西風飒〻寒

四十二　妻命居堂　合數

六百一十

一　七千九　坐安車而馳驅　当險道以踌躕

二　六千五四　牛收其草　羊失粮食

三　七千八五　家室不寧　鬼魅現刑

四

五　六千六　走过長途好息通　緑陰深处慢盤旋

六　十卅九　好花將開　東風往来

七

八　六千八五　龍随馬走　馬蹄被傷

九　卅一二　憂憂喜喜　愁容变咲顏

甲子之年　名当高荐

六百二十

一　四千八乂　大鱼鼓鬣　沖激噴濤

二　六千ス日　几番破局事消磨　凤雨烟塵道路迷

三　廿四三　瑞氣隆　门庭吉慶喜相從

四　父属猴　母属鼠

五

六　廿ス日　失足之虞　得知己之提拔

七　父母仝辛未　前定

八　四千一二　有個強良逼逼　还須避讓得安寧

九　父属金　註定

宿首三十

一 二 三 の 五 六 七 八 九

の十の仁 沙边鸥鸟自無心 水動波紋若有驚

廿の仁 荷葉遇时風 圓碎渾無定

廿八乂 生計從容 安然有慶

仐十卆九 身心安泰喜相將 福祿駢臻化日長

卅卆九 運有昇沉 物有成敗

卅八乂 財從意外来 其年当有獲

庚辰之年 科場連選

の十八仁 文星明耀運皆通 一夕秋風吹鹿鳴

六百四十

一	四千二二	黄金日有增	物色又更新
二	廿二二	应当淂子	
三	十二二	灾晦連绵	反覆憂煎
四		兄弟三人	合此四刻
五	十ㄨ日	新月如鈎	光明遍九州
六	仟ㄨ日	满苑百花香	衆事称人怀
七	卅ㄨ日	骨肉相刑	必定有悲傷
八		寿大五年	前定
九		庚子之年	名当高荐

六百五十

一 二 三 の 五 六 七 八 九

の十九五十九 梅花已洩春 和氣清平分

廿九卅九 洛陽春色自芸边 錦綉張馬足前

八十八乄 朝歌一曲慶新年 風調雨順樂蹁躚

得其一藝 終身之計

五十二 雞唱報曉籌 夢魂初醒息悠悠

五十八四 春風依旧到江南 綠遍郊原草色蕃

三の 已過危橋又是關 行人值此路艱難

落陽前去氣亦云 杏花十里馬蹄輕

六百卅

一 廿八 人事得相逢 春風到処錦叢〻

二 妻命丙寅生 注定先天

三 廿八 名利兩相宜 全不費心力

四 卅六 流年順滔意和同 随取謀之便成功

五 五十八 潮趂順風 江頭滴雨

六 父屬馬 母屬牛

七 卅九 一朝雨霽 轉眼見青天

八

九 卅二 日〻笑顔開 財源輻輳来

六百七十

一 二 三 の 五 六 七 八 九

三の 棲鳥驚飛 月明樹又稀

十卅九 艸木敷榮 漸漸亨通

長子居大 合數

のナ〆日 家業益昌 益昌而大

卅のミ 謀事有功 年來錦不同

父命属虎 前定

十ニ 順風相送扁舟 瞬息千里

十のミ 穩足無求 來往春秋

七ナ〆日 喜得禎祥福自來 陰陽和合百花開

夫妻同丁亥 前定

六百八十

一 二 三 四 五 六 七 八 九

五十二　卅八　十八　十二

兄弟三人　合此二刻

能衡小急　消其大咎

功名可就　不求而自逢

子胥江上吹箫　運当寥落

真假六子　送老只一

喪服交加　流年之咎父右傷

新月掛如弓　清風掩映樹林中

二子屬魄　數定

六百九十

一 八十八七 輕云一片若飄遥 明月依稀漸有光

二 八十四三 福曜呈祥 天人湊合

三 八十五口 大限已阻 此回成遠别

四 四十八七 高山之畔爲相守 行人經过頻回首

五 七十二 優游之余 暖氣在庭墀

六 口十八七 㑹緣無情 此年有害

七 兄弟十二人 秦楚不同盟

八 四十八七 嗣耗有損 家資聚散無常

九

七百零

一	十ス4	無是無非	安居樂業
二	卅二三	到処是周行	前程不必彷徨
三	十廿九	春色侵人	暖氣相尋
の		妻大四年	前生註定
五	卒の三	富而更置田園	增加產業
六		埭墻之工掛神龕	立在朱衣點綴中
七	卅の三	漁郎為指源	引通仙境
八		丙寅之年	名当高存
九		夫命癸卯生	數定

七百一十

一　二二　一軻輕風　消融和氣

二　十四　荷葉如盤　綠陰露珠圓

三　翁屬席　合數

四　卅五十　進步利相侵　中途有小耗

五　四十二　大呼豬㖈有陰天　口舌相干又破財

六　命犯刑傷　必死枕下

七　金甲將軍逐老猿　月盈月缺又逐圓

八　六十五十　天喜臨垣　應當得子

九　七十九十　滅之又明　流螢煌燿空庭

七百二十

一	卆明三	烟雨濛濛	綠楊無色
二		妻命甲子生	數定
三			
四		翁禽鬼	數定
五	卒明三	不勞力而爭强	自成之福
六		兄弟五人	數當居長
七			
八	卅乂卄	高山未可行	針纏荊棘絆羅彩
九	卅二	氣象淨噤	家門显耀

七百三十

一二三四五六七八九

一週二步　閑煞交加

玉人有刑　再娶壬申生

卅九　大運淹沉　得之几失

五十八　景色芸边一望新　心中憂悶自幽清

卅五　灯夜结蕊　家室添丁

廿二　吉神擁護福相將　魑魅潛消脫禍殃

父命屬猴　前定

七百四十

一　二　三　四　五　六　七　八　九

平 平九　行人休力躲陰中　前去拖死処々紗

卅 の十九　雄金積谷置根基　一任求謀足有餘

鬼神見責　陰人有咎

真假四子　送老只々

卅 六二　逆風使舟　江心顛倒

十 の三　事々錦添花　榮華富足誇

卅 の平九　渇遇時月　財当輻輳

七百五十

一	十二	美中有不美	人事相推委
二		父屬犬	母屬牛
三	六十四	怀抱寬舒	遭際好事
四	八十五日	大限合已尽	從今别故人
五	九十二	晚運更高强	東窩亥兔自生成
六		良人有刑	再嫁庚午生
七	七十四	随厥随吉	金珠满屋
八	八十二	年〻景色不相同	欢笑之中樂意濃
九	卅四	際会荣昌	滔天之福

七百六十

一　二　三　四　五　六　七　八　九

廿
卅九

謝却參差事得諧
春花錦綉畫時開

母談產病而亡
前生註定

六十四三
花景勝如前
好花沾露鮮

卅二
住來康莊之上
揚揚自得

五十二
不測突然禍
青天沒浮雲

四十五十
口舌交爭
傍人杖劍相凌

兄弟四人
合此四刻

四六十四三
莫嫌前途事遲留
以後交來事可求

兄弟五人
數該居二

七百七十

一 二 三 の 五 六 七 八 九

卅八七 扉遊太陽光 和氣入于室

の十の三 鑿山開路 劍閣莫憂

卅九の十 花落驚疑家犬吠 明月如晝候鷄鳴

父母合丙午 准数

十卅九 一曲謳歌樂事濃 春風入戶綺羅叢

の十八七 青天霹靂 一声宸怒有驚惶

庚戌之年 名当高薦

七百八十

一 四千の三
五更漏盡散寒星
恨見東方日正昇

二 卅二
閒事有相爭
晨昏未得寧

三
父命屬木
合數

四 卅の三
漸覺其財
望月可待

五 七千九
到頭萬事總成空
回首方知若夢中

六
父母全巳丑
合數

七

八
父屬鼠
母屬兔

九 十八又
登樓未有梯
起步有遲回

七百九十

爽氣新秋風　煩囂頓解除

一　淂子之喜
二　火燒猿穴有憂疑　若用謀﹅事﹅非
三　有路通小橋　轉之過峯嶺
四　洗盡菱花晴鎖塵　翻然清彩倍光明
五　淂之且难　失之甚易
六
七
八
九　父屬猴　母屬兔

八百零

一　二　三　の　五　六　七　八　九

七十四
又尺金鱗已上鈎

夫命癸酉生

六十八　七十
春王消息到

の十二
捲簾動燕子

五十九
人渡峽中

良人有刑

五十二
舟擱淺灘

经綸漫捲可豈憂

前定

万物滋荣氣象新

彿彿有春風

大饒争掙

再緣幸未生

午潮漸發

八百一十

一 二 三 四 五 六 七 八 九

卅ㄨ口 卅のミ 卆ㄨ口 廿ミ 卆のミ

乖違不隋 步步憂疑

有才有用未逢时 多少非汎貴所思

月德吉星臨 门庭事事新

海棠着雨杜鵑啼 泪濕欄干悶有餘

夫妻仝庚申 前定

謀之有道 一經心力成功

父母仝庚子 數定先天

八百二十

一	廿八	喪服相干	流年大晦喪戾親
二		乙丑之年	名当高著
三	十の三	荷花透水	点綴紅粧
の		父属龍	母属牛
五	伞八	期賞花园	夜来风雨
六	罕執九	黄蜂輻輳暗中来	道路相逢日進財
七	卒執九	月光明缺处	稍減夜来明
八	罕知	艸色凄凄	不覚東风面轉緑
九		母命甲子生	数中注定

八百三十

一 父属鼠 母属龍

二

三 卅八 雨淋永宇 作息憂勞

四 七十八 景色無边一望收 三春花鳥唱枝頭

五 卅四 波涛浪息又生風 吩咐舟人未可行

六

七

八 父母合庚寅 前定

九 卅三 天時已轉 揚眉吐氣喜來臨

八百四十

一　二　三　〤　五　六　七　八　九

卌〤廿　雨濕征衣奈未乾　間非破耗家多端

廿九卅　運到從人　猛圖前進

卌〤〣　顛倒不堪言　昏悶轉憂煎

父屬雞　母屬牛

廿〢　陽和景色稱人懷　滿樹桃花次第開

卌〨　帆掛順風　頓然生色

夫妻全辛亥　前定

卌〤〣　秋竹成竿　凌空而上

八百五十

一 翁属鼠 定数

二 兄弟五人 數該居三

三 六十五 長江风急捲风波 古渡扁舟繫浔牢

四 父属羊 母属虎

五 九十二 烟霞初收 青山依旧

六 六十二 喜氣门閙福自饒 高歌饱精樂逍遥

七 妻命乙巳生 前定

八

九

八百廿

一　乙亥之年　名当高荐

二　花　月明千里光　精眼見云生

三　父属牛　母属虎

四　十時　画堂積雪夜瓊瑤　白映楼台十丈高

五　卅時　銀鉄明滅処　疑見又生死

六　六親刻薄又凋零　妬忌猜疑伏禍星

七　翁属牛　合数

八　苐卅　樂事重重　日日醉客

九　二子属牛　前定

八百七十

一　廿九 卅九　事敗而復成　焦勞而費心
二　四十九　椿樹欣顏　祈禱不免
三
四　十二　不寒不暖　景色和平
五　四十九　樓頭鵑血已無声　漏盡寒更曙色新
六　坐暗屋中　昏沉莫辨
七　四十九　妻命壬戌生　註定姻緣
八
九　中日浪隨波　依舊脫難圖

八百八十

一 二 三 の 五 六 七 八 九

卅二　春風佈暖　和氣入懷

父屬鷄　母屬鼠

の十九 の十　敗而復聚　根基事業遂來

不生不理守清閑　風流却是地行仙

夫命戌年生　註定

早執　遇阻而向路　曲轉見高山

八百九十

一 二 三 四 五 六 七 八 九

丁丑之年 名聞四海

卅八〤 脫輻之車未可行 貴人提拔待相尊

良人有刑 再娶壬午生

廿[illegible] 庭墻之上也開花 人事和同家可誇

四十二 運行漸漸亨通 頃刻東風同轉達

四十[illegible] 大順小逆 不勞心力

廿八〤 山色有無中 桐云已蔽空

四十二 暮費躊躕 恨心總是虛

九百零

一 二 三 四 五 六 七 八 九

六十二
中流之水
帆檣動搖

父居羊
母居鬼

廿八
和順如春至
家丁康泰亨

六十四
雨足江村
艸色重〻換色

十八
憂喜逐相半
閑舟風打頭

六十四
巨舟渡海
布帆無恙掛秋風

九百一十

一 二 三 の 五 六 七 八 九

丙辰之年　名當高薦

卄八　量力而進　可謀僥倖

早年九　所核得人　天事可成

四十三　手轉參模　銀河拔星

妻命屬兔　前定

七十八　日上高樓　光明出耀

父屬雞　母屬虎

九百二十

一 二 三 の 五 六 七 八 九

廿卅九

倩鑱夢初醒 枝頭好鳥啼

巳丑之年 文星显耀

夫妻仝戊午 前定

午半九

江边一夕暮猿啼 塞北征夫泪湿衣

廿不午

甘雨和风一二天 江干赏玩乐蹁躚

妻命壬申生 数定

真假五子 送老两枝

九百三十

一 八十一二 月到下弦 其光漸缺

二 夫命戊午生 數定

三 六十二二 居轉而通事事新 殘冬又復見陽春

四 七十四ミ 明月正當空 悠悠路不窮

五 六十五七十九十 到處是通衢 祥光映紫衢

六 父母全乙亥 前定

七

八 卅八八 枝木過嶺 高低着意

九 四十八 貴人提攜 其年得意

九百四十

一 二 三 の 五 六 七 八 九

丑十九 卒十九

廿九 卅九

の十 の三

六十九 七十九

情懷樂意濃　繁華指顧中

拙守費精神　更延事可成

十事謀為九事空　年来蹤跡若飄蓬

父母全甲申　前定

六親骨肉得相合　若遇楊春色自紅

妻命庚子生　前定姻緣

父母全甲午　數中早定

九百五十

一 二 三 の 五 六 七 八 九

卅八

一溪春水　廿边活計

父属牛　母属兎

卒の三

顛倒不堪言　東去又復西

八十八四

日月遍光華　宇宙光边景

着意種花　根枝有損

七八

玉人有刑　再娶戊子生

玉韞于石　未得圭璋之選

九百六十

一　二　三　四　五　六　七　八　九

卒四三　卒十二　卒六九　廿九 卅九

舟車有倫　登山涉水可安然

一夫一夫又一夫　四度佳期緣分多

心事未能安　東奔西走昔為情

丁巳之年　声名高唱

兄弟五人　雁行第四

前路正遥遥　春光遍柳條

父属猪　母属牛

池塘殃及　未遑遠料

九百七十

一 二 三 の 五 六 七 八 九

廿卅八 憂勞有功 為能集事

卅の千九 鮀頭之上火光搖 積雪今朝見日消

〃十八七 大數已停莫可違 一生事業化為灰

廿二 風動花枝 疑神疑鬼之象

妻命辛丑生 前定姻緣

の十のミ 前山有阻後山通 曲轉推車便可通

〃十スロ 蒼松翠柏 不改其綠

九百八十

一 二 三 の 五 六 七 八 九

廿の彡

春光明媚
物色融和

妻命丁丑生
前定

華蓋相逢刑尅重
不为披剃入空门

平〤ㄨ口

物色逢春日色彩
畫堂紫燕復相尋

卌〤ㄨ

薰風習〻交日長
池塘兩〻浴夗央

毋命甲戌生
前定

十〤ㄨ

骨肉相刑情可傷
泪珠拌洒兩〻行

九百九十

一 二 三 四 五 六 七 八 九

四十二 旅人今日詩歸家 满載黃金未有涯

出家不了局 終是須還俗

良人有刑 再娶癸酉生

廿四 天佑其聰 應必成功

江水渺茫 扁舟飛渡

四十八 黃金柳色報春回 白玉堂前錦作涯

四十八 一兩一晴 喜光滿洞庭

四十八 際會亨通 謀甚不遂

夫妻全乙卯 註定